U0049840

海德格

Heidegger 滕守堯／著

編輯委員：李英明　孟樊　王寧
龍協濤　楊大春

出版緣起

　　二十世紀尤其是戰後，是西方思想界豐富多變的時期，標誌人類文明的進化發展，其對於我們應該具有相當程度的啓蒙作用；抓住當代西方思想的演變脈絡以及核心內容，應該是昂揚我們當代意識的重要工作。孟樊兄和浙江杭州大學楊大春副教授基於這樣的一種體認，決定企劃一套《當代大師系列》。

　　從八〇年代以來，台灣知識界相當努力地引介「近代」和「現代」的思想家，對於知識分子和一般民眾起了相當程度的啓蒙作用。

　　這套《當代大師系列》的企劃和落實出

版，承繼了先前知識界的努力基礎，希望能
藉這一系列的入門性介紹書，再掀起知識啓
蒙的熱潮。

孟樊兄與楊大春副教授在一股知識熱忱
的驅動下，花了不少時間，熱忱謹慎地挑選
當代思想家，排出了出版的先後順序，並且
很快獲得生智出版社葉忠賢先生的支持，能
夠順利出版此系列叢書。

這套書的作者網羅了兩岸學者專家和海
內外華人，爲華人學界的合作樹立了典範。

此一系列書的企劃編輯原則如下：

1. 每書字數大約在七、八萬字左右，對
   每位思想家的思想作有系統、分章節
   的評介。字數的限定主要是因爲這套
   書是介紹性的書，而且爲了讓讀者能
   方便攜帶閱讀，提昇我們社會的閱讀
   氛圍水平。
2. 這套書名爲《當代大師系列》，其中
   所謂「大師」是指開創一代學派或具

　　有承先啓後歷史意涵的思想家，以及
　　思想理論具有相當獨特性且自成一格
　　者。對這些思想家的理論思想介紹，
　　除了要符合其內在邏輯機制外，更要
　　透過我們的文字語言，化解掉語言和
　　思考模式的隔閡，爲我們的意識結構
　　注入新的因素。

3. 這套書之所以限定在「當代」重要的
　　思想家，主要是從八〇年代以來，台
　　灣知識界已對近現代的思想家，如韋
　　伯、尼采和馬克思等都先後有專書討
　　論。而在限定「當代」範疇的同時，
　　我們基本上是先挑台灣未做過的或做
　　的不是很完整的思想家，做爲我們優
　　先撰稿出版的對象。

　　這本書的企劃編輯群，除了包括上述的
孟樊先生、楊大春副敎授外，還包括李英明
敎授、王寧博士和龍協濤敎授等諸位先生。
其中孟樊先生向來對文化學術有相當熱忱的

關懷，並且具有非常豐富的文化出版經驗以及學術功力，著有《台灣文學輕批評》（揚智文化公司出版）、《當代台灣新詩理論》（揚智文化公司出版）、《大法官會議研究》等著作；楊大春副教授是浙江杭大哲學博士，目前任教於杭大，專長西方當代哲學，著有《解構理論》（揚智文化公司出版）、《德希達》（生智出版社出版）等書；李英明教授目前任教於政大東亞所，著有《馬克思社會衝突論》、《晚期馬克思主義》（揚智文化公司出版）、《中國大陸學》（揚智文化公司出版）等書；王寧博士現任北京大學英語系教授，「中國比較文學學會後現代研究中心」主任、「國際比較文學協會出版委員會」委員、「中美比較文化研究會」副會長、北京大學學報編委；龍協濤教授現任北大學報編審及主任，並任北大中文系教授，專長比較文學及接受美學理論。

　　這套書的問世最重要的還是因為獲得生智出版社董事長黃亦修先生的支持，我們非

常感謝他對思想啓蒙工作所作出的貢獻。還望社會各界惠予批評指正。

李英明　序於台北

久的震盪。我很想透過這本簡短的書與讀者
們一起分享這種體驗，共同傾聽這種聲音。

我還想告訴人們，海德格的哲學思想是
最抽象的，但也是最具體、最實用的。早在
大半個世紀之前，他的哲學思辨就敏銳地嗅
出，現代高科技有可能對地球母親和人類自
身造成危害：人類逐漸遠離了文明的黎明期
的質樸無華，把自己視為大地的主人。他自
覺有了足夠的知識和高超的技術，就對地球
和其它生物越來越不客氣起來。人類原本不
是這樣的，曾幾何時，人類在大地面前是如
此謙卑，所以能感到一座山、一汪水、一塊
岩石、一座樹林、一片土地、一個生靈那高
貴的靈魂和生命，不敢輕易地傷害它們。現
代工業革命的到來後，使局勢發生了顛倒的
變化：諸神被驅逐，生靈受蔑視，人類動物
則以地球的主人自居，面對天地，他以征服
者的口氣高喊著：「天上沒有玉皇，地上沒
有龍王，喝令三山五嶽開道，我來了！」多
麼目空一切！然而過了沒有多久，這征討的

塵埃便污染了地球的土地、空氣和水,再加
上臭氧層的日漸減少,人類幾乎失去了自己
的家園,最後發現自己的靈魂也墮落了。海
德格的預言應驗了。他當年痛斥種種人類中
心主義和主客二分的傳統哲學時,人們還不
理解他,覺得他是個怪人。如今他的話應驗
了,人類才開始覺察到自己是多麼扭曲,海
德格反而成為人們心目中最正常和最有智慧
的人。

　　海德格豐富的思想理應成為人類的公共
財產。我寫這本小册子,不過是在人們為他
建造的紀念碑上加添的一片瓦和一鍬土。願
人類早日像海德格希望的那樣,與一切生物
和諧共處,一起詩意地棲居在大地上。願我
們地球更加美好。

　　感謝生智出版社出版此書,感謝此書策
劃者孟樊先生智慧的選擇。希望此書得到讀
者的喜愛。

　　　　　　滕守堯　於北京霞光里

目　錄

馬丁·海德格 （Martin Heidegger） 是
本世紀西方最有影響力的哲學家之一。對於
他的廣泛而深遠的影響，海德格的學生，當
代大哲高達瑪 （Hans-George Gadamer） 有
過這樣的描述：

「當克勞斯特曼出版社 （Kloster-
mann） 將要出版海德格的長達七十卷的全
集的消息傳開時，引起了全世界的關注。這
時候，即使一個對海德格一無所知的年輕
人，在注視著這個老人的照片，看著他似乎
在審視著自己和聆聽著自己，繼而激勵他超
越自己和反思自己時，也不可能對這位大哲
漠然置之，不能不正視他的存在。」①

海德格之所以能對現代普通人產生如此
廣泛的影響，首先是因為他的富有魅力的思
想對他的那些後來成為大哲的學生們產生了
深刻的影響。海德格不僅自己是一位偉大的
哲學家和思想家，也造就了他之後的好幾代
大哲學家。高達瑪對自己與海德格的相識過
程做過這樣的描述：

「我還清楚而準確地記得我第一次聽到他的名字時的情景。此事發生在由莫里茲·蓋格爾（Moritz Geiger）於1921年主持的一個討論班上。一位學生以一種極為不同尋常的方式作了一個熱情洋溢的演講，當時我對這種方式有點不解，就向蓋格爾請教。蓋格爾以一種認真的語氣對我說：『哦，他是被海德格同化了！』我當時很奇怪地自問，為什麼我自己沒有受到這樣的感染。但此事發生後不到一年，我的老師保爾·那托爾就給了我一篇長達四十頁的海德格的手稿讓我讀。這是一篇有關亞里斯多德論解釋的文章。這篇文章對我的影響有如電擊……當我在弗萊堡首次被介紹給海德格時，我的眼界頓時開闊起來。」②

實際上，西方好幾代大思想家，不管是哲學領域的，還是人文學領域的，抑或是社會科學領域的，都樂於承認海德格對自己的影響，承認他們要麼得益於前期的海德格，要麼得益於後期的海德格。許多的大思想家

例如沙特（Jean-Paul Satre）、梅洛·龐蒂
（Merleau-Ponty）、高達瑪、米歇爾·傅柯
（Michel Foucault）、波廸爾（Pierre
Boudieu）、雅克·德希達（Derrida）等人
都證明了，海德格從兩個方面改造了當代人
對自己和對世界的理解。

　　首先，人們感到了海德格對沙特和梅
洛·龐蒂的「存在主義」的影響。這兩個人
一生中與海德格的存在思想是如此接近，以
至於他們不得不一直不斷地透過與《存在與
時間》對話而產生他們自己的觀點。除了哲
學家外，海德格還啓發了具有存在主義傾向
的神學家Rudolf Bultmann和Paul Tilich等
人。戰後湧現的一大批具有存在主義傾向的
西方作家和文學批評家也都從不同程度上改
造、擴展和應用了海德格的思想。

　　其次是後期海德格思想對晚幾代的一批
思想家的影響。此時的海德格已經拋棄了
《存在與時間》中的主體性殘餘，對西方傳
統哲學的「人類中心主義」發起攻擊和批

判。在這代受海德格影響的思想家中，傅柯
是其中最典型的一位。他自己承認說：「對
我來說，海德格一直是一位最重要的哲學家
……我至今一直保存著閱讀海德格時的筆
記，這種筆記加起來有好幾噸！它們比我閱
讀黑格爾和馬克思時寫的筆記要重要得多。
我在哲學上的全部發展都取決於我對海德格
的閱讀。」③傅柯還回顧了海德格對自己閱
讀尼采的影響：「我在五〇年代就開始閱讀
尼采的書，但此時的尼采對我沒有說出什
麼。然而一旦我後來把尼采與海德格聯繫起
來讀時，他們的思想就對我造成了哲學的震
動！」④傅柯感覺到自己與海德格是如此接
近，以至於他自己只能從內心裡思考他而不
能公開談論他，因為這些內在的溝通與共鳴
都是意在言外的東西，很難訴諸於語言文
字。他說：「我從沒有寫過關於海德格的文
章……我認為更重要的是，一個人所思考的
作者應該盡量地少，這種作者你只能與他共
鳴，卻寫不出什麼。」⑤

　　傅科當然不是唯一一個被海德格打開自己的內在世界的人。德希達在自己早期的哲學思考中就懷疑過，他是否能寫出任何未被海德格思考過的東西。波廸爾則說，在哲學上，海德格是他的「第一個愛人」。他承認，自己提出「社會領域」這一重要概念時，是透過梅洛‧龐蒂的影響間接受益於海德格。即使是對後期海德格提出激烈批評的哈伯瑪斯（Jurgen Habermas），也不得不承認在他的思想中有早期海德格的深刻的印記，海德格在《存在與時間》中闡述的思想是如此偉大，以至一夜間就證明了自己是第一流的思想家。他得出的結論是，海德格是自黑格爾以來德國哲學最深刻的轉折點。

　　如今，海德格的影響已經不限於他的弟子，也不限於歐洲，他的思想透過一代代大哲學家和思想家的解釋和宣揚，其影響已走出歐洲和學者圈子，擴展到世界的其他地方和普通人中。這種廣泛的影響主要來自海德格思想廣泛的涉獵。他畢生勤懇寫作，其書

籍和文章不僅涉及到從Anaximander到尼采的西方歷代哲學家和思想家，也涉及到東方的老子和莊子；他論述問題不僅涉及到美學、倫理學和宗教，而且涉及到科學哲學和邏輯。可以說，在他的著作中，所有的哲學領域無所不包。此外，他的思想還有更獨特之處，使他不同於以往任何哲學家和思想家：他論述的雖然都是一些最抽象的問題，卻牽連到最日常的和最具體的實踐。一個最明顯的例子是，他很早就預見到二十世紀科技的迅速發展將要引發的全球性生態危機。有什麼問題比詢問「存在者」的各種不同的意義以及這各種意義如何協調一致（海德格告訴我們這是他畢生關注的問題）這一問題更抽象的呢！但與此同時，海德格又要求自己的工作「爲了更多人的利益而破除學院哲學的狹窄性，使它的影響到達更廣闊的圈子裡」。⑥正因爲如此，海德格對現代人的生活和思想發生了巨大的影響。可以這樣說，在現在的世界上，只要是在什麼地方和什麼

時候有人以一種主觀主義的或客觀主義的方
式理解他們自己和他們的工作，海德格的影
響就使他們發生轉變，並認識到他們的方法
的局限性，繼而去發現更適合的方法替代
它。海德格尖銳地指出，這些能夠克服上述
局限性的理解和行動方式，原本可以在我們
文化中找到，卻遭到嚴重的忽視。正是海德
格，才使這些方式普及開來。

　　海德格的巨大影響還在近年來舉行的幾
次大型國際研討會上得到證明。1989年，在美
國柏克萊舉行的慶祝海德格百年壽辰的國際
會議上，人們專題討論了海德格的思想是如
何影響現代人的工作和思想的，參加者不僅
有哲學家、政治家和文學批評家，而且有醫
生、護士、心理分析家、神學家、公司顧問、
教育家、律師和計算機科學家。同一年，人
們在伯恩召開了紀念海德格百歲壽辰的大型
國際研討會，會後出版了三卷本的論文集，
題目是《論海德格哲學的現實性》，這一題
目本身就展示出海德格思想對現代世界的巨

大現實意義。在這個三卷本著作的第二卷的
封面上有一個出版說明，這個說明把海德格
看作二十世紀德國哲學家中對世界產生過並
正在產生最大影響的一位哲學家，這種說法
已經成為不言自明的事實。近年來，研究海
德格的人和著作層出不窮，據德國波鴻大學
哲學系的統計，截至1982年，全世界關於海德
格的論文和著作已經達到五千四百種左右，
這在世界上是十分罕見的。

　　海德格的影響越廣泛，他在一般人的心
目中就越是神秘莫測。他究竟是一個什麼樣
的人？他的一生有過那些奇特的經歷？這正
是這本小冊子將要回答的。

注釋：

①高達瑪：《哲學的學徒之年》，英文版，劍橋，
　　1985，第45頁。

②同上，第47頁。

③見Gilles Barbadette and Andre Serla的訪問，
　　這段話首次是出現在Les Nouvelles, June 28～
　　July 5, 1984。

④同上。

⑤同上。

⑥Zolikoner Seminare, ed. Medard Boss, Frank-
　　furt am Main: Klostermann, 1987, p.x.

第一章
詩人哲學家的一生

一、小學和中學時代的海德格

　　1889年9月26日，海德格出生在今日德國巴登州的小鎮梅斯基爾希。其父弗里德里希·海德格是當地聖馬丁教堂的輔祭，不僅要在教堂內幫助行彌撒禮的事務，還兼作教堂酒窖的管理員。輔祭的收入微薄，卻有一幢房子。為了維持家計，他不得不經常在自己的木工場中作一些木工活。海德格自小聰明好學，他喜歡看著父親在木工場裡幹活，有時也親自動手，製作一些小的木工玩意兒。當時，海德格家中一共有五口人。他有一個弟弟，名叫弗里茨（Fritz）；還有一個妹妹，名叫瑪麗萊（Mariel）。海德格的母親名叫約翰娜，是一名家庭婦女，她性格開朗，平時喜歡擺弄花卉，閒時也喜歡與鄰居聊天。他的父親則性格內向，不喜言談，但

天生愛好文學，特別喜歡當著衆人背誦席勒
（Schiller）的《鐘之歌》。

　　海德格十四歲之前，一直都沒有離開自
己出生的小鎮。少年時代的海德格大部分時
間都是在聖馬丁教堂裡度過的。這個教堂是
整個小鎮的文化生活中心，海德格從小受到
天主教信仰的薰陶，經常參加教堂舉辦的種
種禮儀活動，教堂的鐘聲經常催發海德格詩
的沉思。正如後來海德格在其《鐘樓的奧
祕》中提到，他與弟弟每天三點鐘必須到鐘
樓敲那裡的小鐘。小鐘的鐘聲美妙無比，常
常引起他無盡的遐思。他少年時代的一切活
動：玩耍、祈禱、沉思和夢想，都無不與這
美妙的鐘聲聯繫著。

　　除了經常去鐘樓敲鐘，海德格還喜歡在
教堂附近的一個小花園的菩提樹下讀書。據
他弟弟所述，1911年夏季的一天，海德格在菩
提樹下讀書著了迷，僅用一天的時間就讀完
了蓋塞爾（Geyser）的一本哲學書。與這個
花園毗鄰的，是一片曠野，走出這個花園的

小門，就是一條彎曲的田野小徑，它通向田
野中的十字架，越過十字架後就轉向附近的
樹林。海德格經常沿著這條小路，來到樹林
邊上。那兒有一棵高大的橡樹，樹下有一把
簡陋的椅子。海德格喜歡在這把椅子上讀書
和冥想。直到今天，這條小路依然存在，梅
斯基爾希鎮的居民爲紀念海德格，將這條小
路命名爲「海德格小路」。

　　1903年，海德格滿十四歲，父親爲了海德
格以後成爲一個神父，決定送他到家鄉小鎮
以南五十公里外的康斯坦茨上一所耶穌會開
辦的初級中學。初中時的海德格特別喜歡閱
讀文學作品，讀小說家A.斯提夫特（Stifter）
的作品入了迷。三年後，即1906年，海德格讀
完初中，繼續到小鎮以西一百公里外的弗萊
堡的一所教會中學讀高中。此時的海德格有
了更廣泛的興趣，不僅喜歡文學，還迷戀上
了哲學。他不時閱讀各種哲學雜誌，了解了
當時正在流行的胡塞爾現象學思潮。在一次
偶然的閱讀中，他得知胡氏現象學是在布倫

坦諾（Franz Brentano, 1838～1917）思想
的影響下形成的，並了解到布倫坦諾是當時
德國的大哲學家，也是胡塞爾、梅農、佛洛
依德等著名的哲學、心理學大師的老師，心
裡對他非常嚮往。

　　1907年夏，海德格回家度假，有幸結識了
在同一時間回家度假的格婁貝爾（Konrad
Grober）神父（此人後來擔任了弗萊堡教
區的主教）。兩人在田野小徑散步時相遇，
竟然一見如故，相見恨晚。海德格稱這位神
父為忘年之交。海德格到神父家裡玩時，神
父送他一本布倫坦諾著的書，海德格驚喜若
狂。這本書中收集的是布倫坦諾的博士論
文，題目為〈論亞里斯多德關於「是」的多
種意義〉。海德格一拿到這本書，便一絲不
苟地研讀起來。在一般人眼裡，這是一本十
分枯燥乏味的書，平時很少有人問津。當神
父從他的書架上拿下這本書時，上面沾滿了
灰塵。但海德格卻視它為珍寶，書中談的問
題給了他閃電般的刺激，並像磁石一樣深深

地吸引他走入哲學的王國。受這本書的啓
發，此時的海德格首次提出了他畢生將要探
詢的一個「本體論」問題：如果說「存在
者」（das seinde）被表達於多樣性的含義
之中，那麼究竟哪種意義是基本的指導性的
意義呢？「存在」（sein）到底意味著什
麼？自從他年輕時提出這些問題之後，便七
十年如一日，終生對這些問題思考，一生中
從未間斷過。海德格終生都珍藏著這本哲學
入門書，他後來在書上題詞說：「這是我在
中學時代學習希臘哲學的第一本入門書」。
海德格在讀中學的最後一年，還研究了考
爾・布萊格（Carl Braig, 1853～1923）的文
章，題目是《論存在：本體論綱要》。這本
書大量引用亞里斯多德、亞奎那及蘇亞雷的
原文，並指出「存在學」這一基本概念的詞
源。與此同時，他還發現賀德林（Friedrich
Holderlin）的詩，這些詩成為他晚年哲學思
考的重要題材。

二、大學時代的海德格

　　1909年，海德格高中畢業，隨即進入弗萊堡大學神學院學習。雖然所學的專業是神學，但對哲學的興趣仍然有增無減。兩年後（即1911年），海德格終於向學校提出轉系的要求，學校允許海德格從神學系轉入哲學系學習。在哲學系學習期間，他下苦功研讀了胡塞爾的《邏輯研究》，試圖在這本哲學著作中找到解決關於存在之意義的問題的啓示。可惜他的這一設想沒有如願，他從中沒有得到任何答案，甚至沒有得到有益的啓示，因而感到非常失望。正如他在後來的回憶中所說，他第一次接觸現象學就以失敗告終，而導致這次失敗的，是他自己尋求答案的錯誤方式。

　　與此同時，他仍然保留對布萊格的高度

興趣，雖然此時他已經離開了神學院，卻繼續聽布萊格的信理神學課，有時還與這位自己敬仰的老師一起散步，聆聽他講述謝林哲學和黑格爾哲學在思辨神學中的作用。海德格尤其欣賞布萊格對亞奎那的態度，他後來承認，布萊格對他的影響是決定性的，也是無法用語言形容的。以後每想到這位老師，感激的心情便油然而生。在1912～1914年間，海德格開始發表文章，這些文章都清一色地發表在天主教雜誌上，表明他仍然對天主教有強烈的歸屬意識。他在1912年發表的文章題目是〈現代哲學的實在性〉，此文主張感覺的主觀性，認為唯有透過物理科學才能確定實際事物的實在性。1914年，海德格獲得博士學位。他的博士導師名叫Ａ·施奈德，博士論文的題目是〈心理主義中的判斷理論〉。這篇論文批評了五種心理主義的判斷理論，其中的第五種是里普斯（T.Lipps）的理論。在批評這些心理學理論的同時，他極力為純邏輯的理論辯護。里普斯認為，思想

的規律屬於心理的運作定律。屬於「思想的
物理學」研究的範圍，當我們依據心理的必
然運作規律把某些心象連結在一起時，我們
的判斷就具有客觀有效性，而這樣的必然性
即休謨所說的必然性的感受。海德格不同意
里氏的這一見解，認為判斷的必然性不屬於
心理領域，而屬於純邏輯領域，因而有其獨
立的有效性。此時的海德格最關心的仍然是
存在的問題，他追問道：在「是－真的」這
一表達中的「是」究竟是什麼意思，或者
說，「是」或「存在」的意義是什麼。他在
論文中指出，邏輯的實證性就是有效的意義
（sinn），只有當邏輯概念和表達式具有意
義時，才可能出現「無意義（unsinning）和
反意義（widersinning）現象」。然而,意義
的有效性是針對對象而言的，一切存在
（seinde）都是對象，只有當對象被表述的
內容所規定時，或者說，只有當對象用意義
的方式進行規定時，意義才作為對象的意義
有效，對象才被識別並轉變為「真」的對

課的資格。表面上看，這是一篇專論範疇學
說的文章，但論述到最後，又追問到存在的
問題。他在論文中指出，在一切範疇中，「存
在」是最終的和最高的範疇，正如「存在」
是最終的和最高的「對象性」一樣。因此，
在追問到「存在」之後，就再也沒有什麼可
以追問的了。這就是說，追問到「存在」就
已經追問到了「範疇」理論的根，在「存
在」之上再也沒有什麼「類」可以歸屬了。
這說明，他在此時的研究已經非常接近存在
本身。

　　這一時期，海德格閱讀了法國天主教哲
學家布隆德（M. Blondel）的《行動》一
書，對法國精神哲學家拉凡松（Ravais-
son）也頗為欣賞。透過一系列努力，海德格
終於有機會於1916年被提名為天主教哲學講
座的候選人，隨即於1916～1917年冬季學期
執教天主教哲學。這門課是神學院學生的共
同課，為的是使這些學生獲得基本的哲學知
識。海德格終於登上講台，他給學生授課的

範圍相當廣泛，對西方哲學史上的典型人物
的哲學，如聖保羅、聖奧古斯丁、亞里斯多
德等人的哲學無不涉及。他在分析這些哲學
時一律應用了胡塞爾的現象學方法。在這一
方法的引導下，海德格特別注意到聖保羅致
撒洛尼前書第五章第八節中所提出的「適當
時機的時間」(kairological time) 的說
法。這一發現對他後來寫作《存在與時間》
起了關鍵性的作用。在他閱讀的這本書中，
時間 (time) 和時機 (kairos) 暗指世界末
日，即主再臨的日子。很明顯，聖保羅在這
裡已經把紀年「時間」轉變爲一刹那間醒悟
的「時機」。聖保羅還告訴人們，主再次到
來時會像夜間的盜賊那樣來，此說等於是否
認了末日的紀年時間能被人認知的可能性。
但是，這個不能被認知的時間卻可以轉變爲
被醒悟到的時機。他這樣勸說世人：我們不
應當像其他人一樣貪睡，而應當醒悟節制，
因爲睡覺者總是在黑夜睡覺，喝醉者總是在
黑夜喝醉，然而我們這些白日之子卻應時時

保持清醒。一個在現實生活經驗中醒來的
人，會突然發現自己與上帝在一起，度過這
個注定是不確定的生活。透過這一經驗，純
真而屬於自己的時間即刻產生。這番話使海
德格感到十分震驚，他領悟到，聖保羅所提
供的這種不確切的和有限經驗（死亡即每個
人的末日）開啓了人的視域，讓不蔽的真得
以呈現，等於是現象學中說的「讓現象本身
呈現自己」。這一思想顯然為海德格寫作
《存在與時間》提供了精神食糧。

　　1917～1919年，海德格再次被徵兵入
伍，在入伍的同年，他結了婚，後來生了兩
個兒子。這一時期，他開始對自己的基本哲
學立場作徹底的重估，最後終於發生了一百
八十度的大轉變。事情是這樣的：當時在弗
萊堡大學開設天主教哲學講座的，原是克雷
布斯（E.Crebs）教授。這位教授很喜歡海德
格，原打算自己退休後讓海德格接替這個位
置，但他萬沒想到，他的這一提議卻被海德
格拒絕了。海德格在1919年1月寫信給克雷布

學的研究方法和研究內容。後來，海德格親
自整理出版了胡塞爾的《內在時間意識的現
象學》一書。

　　在與胡塞爾一起工作和整理這部著作的
過程中，他發現了現象學方法和它的研究的
具體內容之間的矛盾，並且發現正是這種內
在的矛盾，才使胡塞爾的現象學研究困難重
重。一旦意識到這一點，海德格便開始從內
部對現象學進行批判和改造。在他看來，胡
塞爾研究的一大弊病就是沒有把自己提出的
「回到事物本身」的原則貫徹到底。現象學
方法的本質原本在於，不是把一個事物歸納
為另外的事物，或者用一個事物來解釋說明
另一事物，而是堅持對這個事物本身的特徵
進行描述和分析。然而當胡塞爾在研究中遇
到不可迴避的存在問題時，卻沒有按照現象
學的方法行事，不是堅持對存在本身進行研
究和分析，而是把存在歸納為意識的活動，
從而重蹈歐洲兩千年形而上學的覆轍。海德
格尖銳地指出，既然現象學的根本原則是

「回到事物本身」，而最根本的「事物本身」就是存在本身，它就沒有理由迴避存在的問題。恰恰相反，現象學研究的對象是存在，現象學應該是一種對存在的意義進行研究的本體論哲學。很明顯，海德格從開始接受現象學的訓練到對現象學進行內在批判，表明他在研究存在的道路上作了一大飛躍。

五、與雅斯培的交往

在同一時期，海德格還與雅斯培（Jasper Karl）有過一段交往。這段交往對他以後完成《存在與時間》有很大的幫助。雅斯培於1919年發表了其《人生觀心理學》。此書把人生觀分成三種類型，即：實際型、浪漫型和聖賢型。實際型追求權力，想改變外部現實；浪漫型一味追求自己的感受；聖賢型要與「絕對」接觸而追求愛的共享。歸根

結底，生命與存在乃是此書哲學思考的重
點。這一點他與海德格是相通的。雅斯培於
1920年春季來弗萊堡住了數天，結識了海德
格，兩人一見如故，很快成爲至交。其實，
早在雅斯培的《人生觀心理學》一書發表
時，海德格就已經仔細研讀過，他還爲此書
寫過長篇評論。兩人認識後，海德格將這篇
評論的初稿繼續加以修補，於1921年6月寄
給雅斯培（這篇評論一直到1973年才得以發
表）。在這篇評論中，海德格討論了生命及
其他問題，但重點卻是討論「自我」與「存
在」。海德格指出，雅斯培的書雖然重點闡
述了「存在問題」，但對「存在現象」的了
解仍停留在表面上。他指出，「存在」是自
我之存在的存在方式，「我自己的存在」是
存在的基本經驗，這一經驗又是在歷史中展
開的。所謂「歷史地展開」，不是對客觀歷
史事件的觀察，而是指自我關心自己的方
式。自我必然把自己伸展到它的過去，「過
去」固然屬於自我，但只占有「過去」還不

方面是因爲這裡的員工對海德格驚人的創造
力早有耳聞，另一方面是因爲他對中古哲學
的高深造詣。馬堡大學的科學研究和教學環
境在當時的德國屬於上乘，這兒還是新康德
主義馬堡學派的基地，匯聚著一大批學者名
流。

　　來到馬堡大學的最初幾年，海德格沒有
發表作品，除了講課和寫作《存在與時間》
外，就是利用這兒的有利條件，廣泛地交朋
友，不斷地與學者們交流，充實以及完善自
己。例如，他在與R.鮑爾德曼（Bultmann
Rudolf）的交往中，了解了K.巴特（Barth
Karl）、祁克果、路德等宗教哲學家的思
想；在與研究古典文學的P.弗里德倫德爾的
「讀書小組」的交往中，熟悉了荷馬、品特、
修西底德斯等人的作品。與此同時，他還結
識了舍勒（Max Scheler）等人，閱讀了巴
斯卡和杜斯妥也夫斯基的作品。

　　在馬堡大學，海德格的講課深得學生的
喜愛。他來到馬堡的第二年，就開設了「存

在學」課程，第一課就講了「現實性的詮釋」。海德格所說的詮釋，當然不是注釋，也不是施萊爾馬赫和狄爾泰所說的「闡釋」，而是把尚未呈現出的「真實」揭示出來，這種「真實」即海氏所說的透過「期待的視域」經驗到的「自我」。除此之外，他還開設了哲學史課程。他在講課時常常是旁徵博引，廣泛涉獵。他講過笛卡兒的《形而上學的沉思》，講過康德的《純粹理性批判》、黑格爾的《邏輯學》和《精神現象學》、謝林的《人類自由的真理》，還講過亞里斯多德的時間學說、柏拉圖的《智者篇》等。海德格的講課具有很強的啟發性，不再是那種淺薄的灌輸，而是透過不斷提出問題和深刻的分析問題，引發學生們自己去思考。據他當時的一些學生反映，海德格不管與個別學生的個別交談，還是在講台上面對千人講演，都能透過自己獨特的風姿，喚起聽者的一種期待的心情，使人們覺得，他就要講出重要的事情。儘管他的大批聽眾不

久就如同墜入五里霧中，他還是能牢牢地控
制住他們的注意力。學生們聽完他的課後儘
管不太懂，但毫不感到若有所失，絕大多數
的人下一堂課還會端正地坐在那裡。之所以
如此，是因為他的課開動了學生的思想機
器，使他們開始思考一些以前從未思考的問
題。學生們每次上完海德格的課，便自動地
展開熱烈的討論。這些討論使學生們覺得，
他們的思想好像又活過來了，原先死板的傳
統好像又成為活生生的東西。

　　在同一時期，海德格還在自己開設的現
象學課程中公開對胡塞爾現象學進行批判，
在批判的同時提出了自己的哲學構想。他指
出，在哲學研究的內容上，應該把本體論提
到首位；而在哲學方法上，既然胡塞爾的現
象學方法已經不能勝任哲學的建設性任務，
就應該用解釋的方法作為詮釋「存在」之意
義的根本方法，並用這一方法對人的生存結
構進行描述和詮釋，打開通往純存在的道
路。後來海德格將這一系列講演加以整理，

刪除了對胡塞爾進行公開批判的部分，就成爲聞名於世的《存在與時間》一書。

1925～1926年冬季，馬堡大學哲學系鑒於海德格出色的教學工作，打算推薦海德格接替哈特曼（Hartmann Nicolai）的哲學系系主任的工作。這一提議遭到柏林政府的拒絕，理由是海德格已經好久沒有發表東西了。按照當時的一項成規，出任系主任的人一定要有具有影響的著作問世，而海德格除了講課出色外，迄今還沒有發表有影響的著作。迫於這樣的形勢，海德格賭氣將自己已經寄給出版社的《存在與時間》的前二百四十九頁轉交給柏林，沒想到又被退回，柏林政府在退回的稿子上加了一句話：「仍然不夠！」由於多數從事哲學的人不同意教育部的見解，不久之後柏林政府被迫收回上述意見。

七、發表《存在與時間》之後的海德格

　　1927年，海德格的《存在與時間》終於發表在胡塞爾編的《哲學與現象學研究年鑑》上，在這一年鑑上同時發表的，還有胡塞爾本人以及當時知名人士M.舍勒的文章。海德格的作品在這份現象學刊物上出現，表明海德格此時仍然站在胡塞爾本人發起的現象學運動的戰壕裡。事實上，這一時期的海德格和胡塞爾之間仍然保持密切的關係。兩人之間不僅經常交換意見，海德格還不時地將自己提出的獨到見解講給胡塞爾，並利用協助胡塞爾為大英百科全書撰寫條目的機會，將他與胡塞爾之間的分歧寫成文字材料，寄給胡塞爾。即使是《存在與時間》一書，也是海德格親自交給胡塞爾並聲明是獻給胡塞爾的。問題在於，胡塞爾當時也許沒

有認真研讀這本書的稿子，就將它全文發表
在自己主編的《哲學與現象學年鑑》上。他
也許更沒有料到，這本書發表後竟然引起強
烈反響，使海德格一夜之間成爲德國最重要
的哲學家之一。

　　《存在與時間》出版後之所以立即引起
人們的廣泛注意和重視，造成這種震動有許
多原因，一個主要的原因是，海德格在自己
的講課中已經造成相當大的社會影響。人們
普遍認爲，他會成爲德國哲學界的新星。正
因爲有了這種先入之見，所以這部著作剛一
發表，就有評論指出，《存在與時間》不久
將會成爲二十世紀歐洲大陸哲學中富有創造
性的著作，並且會緊步柏拉圖的《理想
國》、笛卡兒的《沉思》、康德的《批判》，
成爲西方哲學史上的重要著作。

　　第二個原因是，此書的發表立即改變了
當時極有影響的現象學的方向，使它行駛在
一條不同的航線上。關於這一點，可以從狄
爾泰的學生和女婿、狄爾泰全集的撰寫者米

什（George Misch）的見解中見出一斑。米
什當時是從狄爾泰的角度討論海德格的《存
在與時間》的。他的文章開篇伊始就指出，
海德格的《存在與時間》對已有的現象學哲
學造成一種雷擊效果，由於這一擊，胡塞爾
現象學的舵就轉了方向。他為這種說法提出
的根據是，胡塞爾的現象學把「物自體」作
為哲學追求的主要目標，從而把哲學轉化成
現象學和現象學研究。在胡塞爾現象學看
來，「現象」可以非掩蔽地和非遮蓋地呈現
於眼前。所謂「非掩蔽」地呈現，就是一切
傳統的偏見，一切觀念上的偏見，一切假定
（那些透過形而上學傾向或創造體系的傾向
進入哲學行動的假定），都要被消除。舉例
來說，邏輯現象，就不應當被偷偷摸摸地重
新塞進心理或心靈事實中，而是應當被看作
是其自我獨立的、邏輯意義上的自身，從而
使一切心理主義被驅逐出邏輯。這一期望將
「物自體」澄然無遮地呈現於眼前的現象
學，試圖推知到現象的任何變任中的那種不

久的存在，而它作為一種永恆不變的東西，
在任何不同的變化的東西中，都以同樣的方
式自然增長。胡塞爾的偉大在於，他向一切
從事哲學思辨的人挑明，要運用自己的眼
睛，不讓現象從自己眼皮下溜掉，不讓它被
遮蔽。然而在海德格看來，這種見解是成問
題的。海德格追問道：把純粹自我的「存
在」樣式構想或想像成一種視覺形象是不是
允許？難道它還需要去構造具體的存在物？
人們是不是在任何領域都要透過視覺想像
「諸在者」（beings）中的那個永恆不變的
「存在」？胡塞爾的分析是不是要證明，那
個正在分析的人是一個「自我」？那個正坐
在桌子前，將事物置於自己的觀察之下，從
各個不同角度觀看它，將它們轉過來轉過去
的就是「自我」？海德格寧願將這一自我稱
為「此在」（dasein）。當他這樣說時，他的
意思是指，這一自我不是一種純粹的視象
（那種為一個坐在桌子旁邊進行哲學思考的
人得到的視象）。他是一個能將自己投入純

的和歷史的生活。他主張從「具體的個人」
和精神的有效的特徵去把握人的精神，而
「知識」、「觀看」、情感活動和利益相關
的行動必須相互聯繫起來。總之，他已經將
人類學的東西吸收到哲學中，並將它與各種
不同的科學取得的關於人的豐富的知識聯繫
起來。這樣，他就將人理解為一種「此在」
或「實存」。

　　正是海德格提及的「擔憂、實踐、良心、
恐懼、死亡、歷史、具體情勢」等與人的存
在息息相關的東西，激發了當時人們的興
趣，把人們吸引到海德格的哲學中，因為他
使人們感到，他的哲學的確關乎著個人之生
活，人們希望與海德格討論思想觀念的本
質，希望與他一起討論，人作為一個被條件
限制的靈魂，是徹底獨立的，還是可以依靠
上帝。這一結果與海德格的初衷是背離的，
因為海德格哲學最關注的問題──一個「在
者」如何在自己的「存在」中展示自身的問
題，反而被人們拋在腦後（或者是不被當成

一個有待進一步發展和解答的問題）。人們
往往根據他的哲學，對這一問題作出匆忙的
和隨意的解答，這肯定是海德格不願意看到
的。但是，海德格卻由此被推崇，被看做是
「他的時代的典型的表達」。

海德格的《存在與時間》發表後不久，
他就取代了哈特曼的位置，主持哲學系的工
作。一年以後，弗萊堡大學的胡塞爾打算退
休。當時，對於海德格思想上發生的變化，
胡塞爾仍然沒有覺察。他在1927年給因加爾
登的信中還只是認為，海德格尚未把握現象
學還原的全部意義。所以在退休前，依然親
自舉薦自己的得意門生海德格作為他的繼承
人，這樣海德格便回到弗萊堡大學任教。

胡塞爾在退休後才有機會認真研讀了海
德格的《存在與時間》，一旦發現海德格的
哲學思想與自己的現象學之間有著嚴重的分
歧，便立即著手批判他的學生的人本主義傾
向。1930年以後，胡塞爾開始在一些文章中不
點名地批判海德格的觀點，在柏林大學的一

次講演中，甚至公開表示要與海德格決裂。
自那次之後，海德格與他的老師之間的關係
逐漸冷淡，海氏也不再認爲自己是現象學派
的一員，於是交出了由他實際負責的《現象
學年鑑》的編輯大權。在這之後，德國政治
形勢急轉直下，隨著希特勒上台後對猶太人
的迫害，海氏與他的老師之間的關係進一步
惡化。胡塞爾是猶太人，飽受希特勒迫害，
終於禁不住磨難，於1938年去世。正當胡塞爾
大不得意的時候(1933～1934)，海德格出任了
弗萊堡大學的校長。關於海德格與胡塞爾之
間的緊張關係，後來的輿論多責備海德格的
忘恩負義，說他爲了效忠希特勒政權，參與
了對猶太人的迫害，甚至清除和燒毀了大學
資料室中保留的胡塞爾的著作，不准胡塞爾
進入圖書館等。這些指責究竟有多少與事實
相符呢？

八、海德格的納粹涉嫌

在海德格一生的漫長經歷中，人們爭論最多的就是他的納粹涉嫌問題。其中有些基本事實是誰也不能否認的：希特勒於1933年上台後，海德格的確接受了弗萊堡大學校長的職務，並公開表示擁護希特勒，甚至在講話中把希特勒的上台看作是新時代的曙光。海德格的這一段不光彩的經歷，大大損害了他作為一個哲學家的清譽。在很長一段時間內，他的威信一落千丈。第二次世界大戰結束後，法國占領軍還曾經因他的這段經歷禁止他在大學上課。

但我們是否因為他的這段經歷而抹殺他在哲學研究中的成就呢？事過境遷，人們在反思希特勒統治德國的那段歷史時，開始冷靜地看待海德格的納粹涉嫌案，並努力對他

在這一時期的作爲作出調查，盡量給予公正
的評價。據德國《明鏡週刊》1976年5月31日
發表的一篇對海德格的訪問調查報告透露，
海德格當時就任弗萊堡大學校長是有其苦衷
的。在海德格就任前，該大學的校長由一個
十分正直的知識分子擔任，此人根本就不買
希特勒的帳，最後終於因爲反對張貼反猶太
人的通告而被希特勒政權罷免。這位校長在
自己被罷免的當天，就去找海德格，要他出
來當校長。他之所以這樣做，是因爲他考慮，
如果海德格不當這個校長，希特勒當局就有
可能派一個不懂教育的政治幹部出任校長。
如果發生了這樣的事情，這個大學的教育將
不堪設想。海德格剛開始時一口拒絕，說自
己是一個純粹的學者，根本不適合當校長。
他的這一拒絕未能得到同事們的理解，他們
輪流勸說他，一再陳述此事對大學教育的利
害。經過再三考慮後，終於答應出任校長職
務。然而在校務委員會投票選舉的當天，他
又反悔了。由於此時投票已經開始，他再也

沒有辦法去制止。投票結果，全體通過。於是海德格勉強當了校長。

海德格一向是一個事業心很強的人，既然已經當了校長，就想把這個校長當好。但是，在當時情況下，當一個「好」校長的最基本條件就是要加入納粹黨黨組織，海德格也不例外。海德格事後承認，他當時加入納粹黨組織有兩個考慮，一是為了大學前途，二是他當時的確相信希特勒能使德國強大和富強——當時德國有二十二個政黨，卻沒有一個能提出解決當時百萬人失業的有效措施，他覺得只有納粹黨能做到這一點。海德格入黨後，納粹黨立刻對此事大肆宣揚，南德納粹黨黨報發表評論指出，海德格是當代人的思想領袖，他加入納粹黨具有深遠的意義。該報還讚揚說，海德格加入納粹黨，是出於對國家的高度責任心，是出於對德國民族的命運和前途的深切關心。該報還披露說，納粹黨在海德格這兒幾乎是有求必應。人們在事後蒐集的無數資料證明，報紙的這

些說法基本上都符合事實，海德格當時對大
學學生發表的一些演講和在某些刊物上發表
的文章也都證實了這一點。其中的一個確鑿
無誤的例子，是他在1933年11月3日發表在
《弗萊堡大學生報》上的文章。這篇文章聲
稱，「國家社會主義革命在我們德國的生存
中引起了一場完全的革命」，最後它還告誡
德國人：「任何原理和理想都不是你們生存
的準則，元首本人，而且只有他，才是德國
現在和將來的現實。他的話是你們的法
則。」①另一件不容否認的事實是，他在1933
年11月11日的萊比錫德國教師會選舉大會上
的演講中對希特勒加以吹捧，說希特勒的革
命為德國人帶來新生，從此之後德國人又萬
眾一心地集合在領袖的旗幟下②。1934年1
月，他對一批剛剛就業的工人發表演說，號
召這些工人必須一切按照元首的要求去就業
和工作。很明顯，海德格的這一系列言論，
十分有利於希特勒政權的鞏固，對希特勒推
行法西斯主義起了推波助瀾的作用。

　　那麼海德格對他自己當時的這些言行又是怎樣看的呢？他沒有否認這些言行的事實性，但又要求人們根據當時當地的情勢原諒他，因爲他當時那樣說和那樣做，都是有一定的苦衷的，他當時說的很多話是出於妥協，最終目的是要換得機會，把大學的教育搞好，如果不這樣說和這樣做，他就無法實行自己關於「教育改革」的主張。他一再請求人們，在引用他當時的那些話時，必須看到當時的形勢：此時各個外國政府當時都紛紛承認希特勒，並給予他國際上通行的禮遇，更何況他是一個大學校長。

　　現代許多人認爲，海德格晚年爲自己作的辯解是有一定道理的。對許多資料的分析表明，海德格當時願意出任納粹的校長，有兩個主要動機，一是要利用納粹黨對他的信任，改革大學的教育。海德格的確不滿意當時大學的教育制度，尤其是不滿意大學中各科分科過細、只重視技術傳授、忽視了對人的素質的培養的落後狀況。他認爲，德國大

一點，說他自己從未參與希特勒迫害猶太人的活動。他提出的一個最有力的證據是，在他出任大學校長的第二天，學生會會長和衝鋒隊就來找他，要求張貼反猶太人的廣告，被他堅決拒絕了，為此還受到全國衝鋒隊總部打來的警告電話。在這以後，在關於對待猶太人的態度上，他就經常和當局發生衝突。例如，他親自阻止了一起反對猶太人教授的示威，還禁止法西斯分子計畫要在大學教學樓前進行焚書的事件，並在自己管轄的哲學系圖書館裡保留了猶太人作者的書籍。當教育部要求他解除包括一名猶太人在內的兩名院長的職務時，他發出嚴正聲明：他們是我自己任命的，如果取消這一任命，我就辭職。結果海德格真的因此而辭職了，他的十個月校長生涯到此結束了。自從辭去校長職務後，納粹黨開始把海德格視為眼中釘，秘密警察也開始對他監控。他們還專門派了一個學生監視他的行動。據說，這個學生在對海德格監視了一個學期後，終於按捺不

住，公開跳出來，警告海德格以後說話要小
心。在這之後，海德格的行動受到限制，來
往信件受到檢查，著作版權受到扣壓。1934
年在布拉格和1937年在巴黎召開的國際性學
術會議，海德格都未被邀請參加。1944年，在
第二次世界大戰即將結束的前夕，海德格又
被當局強徵到萊茵河去修防禦工事。當時，
全德國有五百名著名學者和藝人被豁免服
役，而弗萊堡大學的教師也被分成三等，第
一等不必服役，第二等服半役，第三等服全
役。海德格屬於第三等，被劃爲「完全無用
的教授」。直到1945年，海德格才服役結束，
回到學校。然而剛回到學校上了兩個鐘頭的
課，就又被派去參加民衆防衛隊。

　　戰爭結束後，海德格因曾經出任納粹校
長一事受到審查。當時，德國對被審查者所
作的結論分爲五種：

　　1.犯罪者。
　　2.納粹積極分子。

3.有輕度責任者。

4.納粹的同情者。

5.清白者。

　　海德格屬於三、四類之間。1951年，海德格被批准正式恢復工作，1959年正式退休。

九、隱居山林的詩人哲學家

　　海德格退休後，絕大部分時間都住在多特腦山（Todtnauberg）中自己的一幢小屋裡。這間小屋位於德國著名的黑森林地區，在弗萊堡東南約三十公里處。這兒有一個小村叫多特腦村。從這裡向東北行走，有一座高約1,500米的高山，海德格的小屋所在的多特腦山就位於這座高山和多特腦村之間。這兒海拔大約1,150米，終年積雪，是現代人理想的滑雪之地。海德格的小木屋就蓋在多特

腦山的山頂。小屋寬6米，長7米，共有三間，分別充當廚房、寢室和書房。小屋周圍全是高山深谷，山谷中到處是鬱鬱葱葱的森林。這兒人跡罕至，除去風吹樹響外，聽不到任何別的聲音。人若到此，宛然有脫離塵世、飄然入仙之感。海德格在這座小屋中過著簡樸的隱居生活。

他書房的書桌上放著不多的幾本書，其中有他最喜愛的詩人賀德林的詩集。除了書之外，就是一大堆寫作的稿紙。海德格平時不是外出散步和冥思，就是撲在這堆紙上寫作。這堆紙成了他與整個世界的聯繫，除了在寧靜中用筆填滿這些紙外，他感到再別無所求。他告訴人們，他在這座山居中只感到靜寂，而不感到孤獨。他認為自己的這種感覺與生活在大城市中的人的感覺正好相反；大城市的人在城市中只感到孤獨，卻無法使自己安靜下來，他自己卻只感到安靜而不感到孤獨。之所以如此，是因為他在這兒經常與大自然對話，山、樹林和農舍的低語使他

的內心感到無比充實，所以一回到他的小
屋，寫作靈感便如泉湧般出現，必須馬上坐
下來把它們寫出來。後來，他曾經發表過一
篇題目為〈我們為什麼待在鄉村？〉的文
章，他在這篇文章中說，黑森林的鄉村美景
深深地吸引著他，使他不願與這兒須臾分
離。他每次來到這裡，就產生出一種難以言
傳的「鄉思」。這種鄉思不同於普通人對家
鄉的思念，而是對人類生存的根源的接近。
這種鄉思是他的思想的一個不可缺少的源
泉，它常常促使他渴望對人、事物、環境的
了解，使他獲得深刻的洞察和把握住每一個
獨創性的表達時機。正是這些原因，海德格
才稱這座山為「創造性的景色」。海德格在
這間山中小屋中生活了近半個世紀，黑森林
和小屋成了他的精神故鄉。

　　正是這一優越的環境和心境，使海德格
成為一個多產的作家。他重要的著作除了
《存在與時間》外，還有於1930年寫出的
《論真理的本質》，於1930～1931年期間寫

出的《柏拉圖的真理學說》，於1935年寫出
的《藝術作品的本質》，於1936年寫作並發
表的《賀德林詩作的本質》，於1936～1938
年期間寫出的《哲學論文集》，以及於1938
年～1946年期間寫出的《林中路》（包括六
篇文章），於1946年寫出的《論人類中心論
的信》（上述作品除了《賀德林詩作的本
質》外，其他著作都在第二次世界大戰後才
發表），於1959年寫作並發表的《通向語言
之路》（包括六篇文章）等。海德格於1930
年之後寫作和發表的文章表達了一種與前期
不同的思想，現代研究者們稱之為海德格後
期思想。後期海德格不僅在思想上發生了巨
大的變化，在寫作手法和風格上也發生了巨
大變化，此時他逐漸放棄了嚴密的邏輯語
言，轉而用詩化的語言去對傳統的歐洲理
性、主體性、人類中心論、邏輯、自我意識
等思想和概念展開系統的批判和摒棄，對傳
統倫理學、語言學、美學等學科採取不予理
會的態度，一心只想構思著自己獨特的「存

注釋：

①Thomas Sheehan (ed.), *Heidegger: The Man and the Thinker,* Chicago: Precedent Publ. Inc., 1981, p.49.

② Guido Schneeberger (ed.), *Nachlese zu Heidegger,* Bern, 1962, p.150.

第二章
震擊傳統哲學的
《存在與時間》

　　海德格的《存在與時間》是一部動搖常
識的巨著，此書對「存在」問題的闡釋，不
僅對當時正在走紅的胡塞爾現象學而言是一
種革命，對整個西方形而上學大廈也造成了
一種巨大的震撼。

　　此書被作者命名為《存在與時間》，這
一舉動本身就意味著一種造反。在西方哲學
傳統中，「存在」一直被視為現象之中或是
現象背後的本質，而本質的東西是永世不變
的，因而與時間無關，海德格在書名中把
「存在」和「時間」連在一起，就一針見血
地挑明了，存在自身是有時間性的，這裡說
的「存在」的「時間性」，不是說我們「在
時間中」生活，如果這樣，就等於把時間看
作是一種在存在之外永恆流動的抽象而獨立
的東西，此書所指的存在與時間，有點像人
們平時所說的「度過時間」，這一表達暗示
出，時間和生活原是一體的，是須與不能分
離的。海氏將此書命名為《存在與時間》，
就是要強調兩者的嚴格統一性。

　　海德格在具體的論證中矛頭直指西方傳
統的認識論。眾所周知，傳統西方哲學一向
重視認識論和知識，而在笛卡兒以後，知識
問題更是占據核心地位，認識論幾乎成了哲
學的別名。笛卡兒之所以被視為西方現代哲
學的奠基人，就在於他提出了人的意識與外
部世界之間有一種奇特的分裂，心靈以操縱
自然為最高目的的見解，按照這樣一種說
法，心靈所要從事的必然是對自然的算計和
計量，從而只能在這種度量和計算中按照一
定的程式感受自然，而在心靈和意識從事這
一活動的同時，人就不自覺地與外部自然發
生對抗，由此導致了心靈和外部世界、主體
和客體之間的徹底分裂，造成驚人的二元
性。

　　笛卡兒的學說不久就成為西方哲學的主
流，在他之後的三、四百年間，這種將總體
世界分裂為觀察者和被觀察者的觀念，漸漸
滲透到西方文化的各個角落，成為人們的意
識中根深柢固的東西和科學的主導，以這種

觀念爲指導，西方人一直把征服自然作爲自
己的首要任務，他們總是把自己看作是主
人，把自然看做是奴隸；把自己看做是主
體，把自然看做是客體，與之相對應，知識
的問題成爲西方人的中心考慮：「我們都知
道了些什麼？我們怎麼會知道我們知道了？
知識究竟是什麼東西？確信等不等於確知？
……」如此等等。與這一中心考慮互相平行
的，是對「存在」的誤解：存在總是被視爲
一種永恆的現存狀態，一種在手邊或「擺在
那兒」的客觀實體，一種呈現在眼前的現成
的東西，一種處於我們身外的、與我們分離
的、可以讓我們觀察或看到而不是被我們體
驗和思考的東西。

　　直到本世紀上半葉，反笛卡兒主義以形
形色色的哲學流派出現，上述形勢才得到改
觀。海德格是笛卡兒主義最早的和最強而有
力的反叛者，他的《存在與時間》一開始就
試圖透過對「存在」和「在者」的思考和述
說，破除了笛卡兒的主客二元論。在西方哲

學史上，海德格是自從前蘇格拉底以來第一個提出「什麼是『在者』？什麼是正在存在著的『在者』？」的問題的人，在提出這個問題後，他又繼續追問：「什麼是時間？什麼是西方形而上學在對存在抽象化和觀念化的進程中所遺忘的時間？」，《存在與時間》的書名本身已經對上述問題作出部分回答。

　　在海德格看來，存在問題和時間問題最終是同一個問題，回答這個問題，就構成了海德格所設想的基礎本體論。這種「基礎本體論」意在對存在作出一般性的把握，包含著對這一本體把握時的最初步、最基本，但又是最重要的步驟和方法。這就是：將「存在」（本體的）和「在者」（實體的）截然分開來。海氏認為，雖說這兩者既相互定義又互使對方成為可能，沒有「在者」，「存在」就成為空洞之物，但兩者又是截然區別的。只有將這兩者的區別牢記在胸，我們才能追問，什麼是正在存在著的「在者」。

　　海德格認為，世上唯一的那個正在存在著或意識到自己正在存在著的「在者」就是人。因此，他不像胡塞爾那樣，一開始就去追問客體、觀念或邏輯的語法關係，而是對人的存在本身作出追問。海氏追問時採取了與傳統哲學完全不同的戰略和著眼點：他是從人類所處的實際環境入手，而不是從知識問題入手。海德格認為，這個實際環境就是「你」和「我」共同處於的同一個世界。既然大家「同存在於」這個世界上，這個「存在」本身究竟為何物？這個與我們與生俱來，朝夕相伴的存在到底是什麼？在海德格看來，只有首先搞清楚普通人在這個物質世界的存在，才有可能去想別的。沒有弄清這個根本，其他的東西，尤其是「認識」，最好莫談，因為認識是晚於「存在於世」的，當你提出認識的問題時，你就已經存在於這個世界上了，換句話說，在你覺得自己已經破了認識論之謎之前，就已經獲得了進入這個普通世界的入場券了，所以不能透過認識

論那一套方法去理解天賦予人的存在。

他認為，透過推斷，透過邏輯的或科學
認識都不能把握到存在的究竟，認識論充其
量只是人存在於世上從事的一種智力活動，
對存在本身卻毫無用處，要把握存在，哲學
必須採用描述方法，只有描述方法才能描繪
出它的特徵，而海德格在其《存在與時間》
的第一部分中，就是刻意分析人類意識中的
自我認識，即我們對自己的存在的最原始的
切身知識，海德格稱這種分析為「存在的分
析」。一般人總認為，既然這種體驗是切身
的，就是不可分析的。但由於海德格將當時
流行的現象學方法和康德哲學的提問方法完
美地結合在一起，他的分析成功了。所謂現
象學方法，就是把注意力一絲不苟地貫注到
所實際體驗的現象上；所謂康德的設問方
法，就是要去弄清：什麼情況下才能出現這
種體驗？或者說，造成這種體驗的必要的前
提條件是什麼？因為如果沒有構成這種體驗
的前提條件，我們就不可能具有這種體驗。

海德格運用這種方法，一步步地把我們意識中的自我認識結構分割成不同部分，成功地描述和分析了「存在」。

海德格在分析時一再告誡說，要成功地描述那個一般普遍性的「存在」，首先必須分析那個經常追問自身之「存在」的「在者」，而這個「在者」就是人，唯有人能夠追問存在和努力思考存在，唯有人的實際存在或人的「屬人的存在」才直接地和經常地依賴於對存在的追問。既然人是一個追問者，他經常地對自己的和其他事物的存在提出問題，人就沒有傳統形而上學說的那種先驗的本質，他不是笛卡兒說的主體，也不是人類學和心理學中揭示的那種人，他只是透過對存在的追問、透過使自己獨特的現存狀態成為疑問而獲得自己的本質。為了把人的這種本性突顯出來，海德格把像人這樣的總是透過追問自己的存在來追問存在的「在者」稱之為「此在」。他的《存在與時間》就是要在一般性存在之意義的框架內一步步

描述和分析這個「此在」。他的描述分成：
人之為人；我在，故我思；我煩，故我在；
將存在與時間合併為一體這幾個步驟。

一、人之為人

他首先指出，所謂「此在」，就是「存
在於此處」。「此處」在這裡指的是「世
界」，即那種平凡而具體的日常世界。作人
就是要沉浸、注入並植根於這個世界。不管
我們做什麼事情，從舉起一把錘子到駕駛一
輛汽車，總是自覺或不自覺地「陷入」或
「嵌入」到與其他事物的一系列有意義的關
係中。舉例說，我們舉起錘子是為了將一支
釘子釘到屋頂的蓋屋板上，這樣雨水就不會
漏下來；我們打開車後座左面的燈，是表示
我們的車將要向左轉彎，這樣後面的車就可
以提前煞住，以防止事故的發生。海德格指

出，這樣一些複雜的意義關係經常潛藏於我
們的活動中，平時不被意識到。只有當意外
的事情發生時，例如敲的釘子斷了，或車後
的燈泡爆了時，這些富有意義的關係才向我
們展示出來。這樣一些複雜的意義關係被海
德格稱之為「世界」。

　　海德格認為，存在若不是在「世界」的
存在，是不可想像的。如果說人本質上是一
種經常走出自身的存在，他走出自身所邁入
的地方就是「世界」。正因為如此，可把人
描述為「在世界的存在」或「存在於世」。
人作為「存在於世」的「此在」，本身就是
一種開放的空間，各種「在者」在這個開放
的空間中以各種不同的方式揭示自身，它們
時而走出遮蔽進入澄明（真理），時而又退
回到遮蔽狀態。但不管怎樣，人是唯一一種
能在自己的生存方式中使自己澄明的存在：
透過其開放特徵，他的存在連同世界為自身
而呈示。必須強調指出的一點是，海氏所說
的「存在於世」，不是簡單的空間意義上的

「處於」，而是指「生存於」、「寓於」、「慣於」等。這種「存在於世」具有決定一切的中心地位。人具有的這種「存在於世」的能力，是指以一切可能方式生存的能力，而不僅僅限於其認識能力。除了認識外，它還包括不得不接觸某種東西、生產某種東西、看護和照料某種東西、利用某種東西、拒絕和放棄某種東西，以及承擔、完成、表示、訊問、思慮、討論、決定和認識某種東西。而這裡所說的「世界」，說穿了也不再指認識的對象，而是與展開在其中的各種生存方式相應的環境。經過了這樣的一種「規定」，人的存在就再也不能和人此時此地的生存割裂開來，也不再是一種與客體相對的主體概念，它是中性的，沒有主客之分。或者說，它乾脆就處於主客之間，沒有一定的確定性，因為它的本質是根據人瞬息萬變的生存情況決定的。換言之，人「是」什麼，完全決定於他「怎樣」生存（或怎樣是），人之為人就在於他是在自己的活動中將自己

卻。人去認識某物，這種活動只是他存在於
世的一種形式，他把握實在，不過是他把握
自身的一種方式。

　　海德格告誡人們，不要把認識能力想得
那麼神奇，認為有了認識能力就可以把握我
們自己和決定我們自己。我們壓根就是被
「拋入」這個世界的：我們猛地發現自己就
在這裡，沒有人請我們來，也沒有人准我們
來。我們沒有挑選過父母，我們是在一定的
時間、一定的歷史年代、一定的社會、帶著
天賦予我們的一定的遺傳結構，被我們的父
母生養出來，而且必須按照這一切去過我們
的生活，毫無自主性，人生的起點就像是投
骰子一樣，具有無法逃避的偶然性。一言以
蔽之，在這世界以及世界上的一切都是被
「給予的」，我們必須接受這種現成的狀
態，必須以此為前提而進入自己的實存之
中。除了去「在」之外，別無選擇。至此，
海德格就把笛卡兒「我思，故我在」的命題
顛倒過來了，變成了「我在，故我思」。總

之在海德格這裡，實存是使思想成爲可能的
先決條件，存在先於思想，思想只是此在諸
種連結方式中的一種。

三、我煩，故我在

　　海德格在論述中特別指出人與事物的
「煩心」關係與認識關係，「在手邊的現
成」的東西與「現已到手」的東西的區別。
他指出，「在手邊的現成」的東西，是已經
擺在面前的東西，具有客體的特徵，是理論
沉思和科學研究的對象，對於物理學家和地
質學家來說，「自然」和岩石不過是一種
「在手邊的」東西。然而對於一個石匠或雕
塑家的「此在」來說，岩石就可能是一種
「現成到手」的東西。科學家和理論家無論
如何敏銳地看到岩石的外觀，也不管這種外
觀有怎樣的形式，都不能使它成爲「現成到

手」的東西，即使他們完全從「理論上」觀察此物，也絲毫不能對「現成的東西」有任何理解。只有像石匠和雕塑家那樣，透過對它們的使用和操作而與之發生關係時，對岩石才能有一種屬於自己的獨特看法，從而使之變成「現成到手」的東西。人與「現成到手」的東西的關係是一種對之真正的關心的關係，一種與之共存的關係，而不是一種對峙關係。

同樣，我們在世界中也會與他人相遇，這種相遇同樣不帶偶然性和主觀性特徵，我們是在活動中獲得了與他人相遇的決定性方式，即使我們看到他人在附近站立的時候，也不能把他看作是一個近在手邊的客體，他的站立是「在者」的一種實存方式，他是在其此在與世界的共存關係中被我們遇到的。這個他人同屬於我們被拋入的世界，因此，我們被拋入世界，包括了被拋入他人之中，既然如此，我們必須與之建立一種共存關係才能領悟其存在。因此，我們還可以將我們

自己的此在規定或實現爲一種日常的、與他
人相關的相互共在。這意味著，我們不能單
憑個人就成爲我們自身，我們不是在我們自
己的範圍之內或之上達到實存的，我們的實
存要涉及和關聯他人，從這個意義上說，每
個人都是他人，沒有人是他自身。我們注定
要消融在大衆之中，使自己的實存屈從於一
種無形無狀的「普通人狀態」或「異在」狀
態，這樣一個自身異化的人還注定是一個推
卸其道德自主性的人，因此也就是一個推卸
其道德責任的人。海德格稱這種異化爲「非
本眞的此在」，他被動地生存於一個由強制
性的，不給個性留下任何餘地的價値準則構
成的空洞結構中，因此幾乎沒有生存。這種
非本眞的實存中，我們常常害怕，害怕他人
的意見，害怕普通人爲我們作的決定，害怕
我們的物質成就或思想成就無法達到一種標
準。與這種「恐懼」相反的一種情緒是「不
安」。不安來自於我們對我們的「存在於
世」的追問，只有我們的「存在於世」成爲

問題和追問的對象時，才會有不安情緒產
生，它是將我們導向本眞存在的動力。

海德格由此又對「言說」和「閒談」作
出了區分。在海德格看來，「此在」是以語
言作爲基礎的，「存在於世」也可以理解爲
存在於言說之中，因爲只有在言說中，它才
能被表現出來。海德格稱本眞的語言爲言說
（rede），用於區別一般的「談話（talk）
或閒談」。他認爲，那個異化了的「此在」
的理解和自我解釋，總是透過閒談而不是透
過言說進行。閒談包括所有陳詞濫調和行話
土語（也包括大部分宣傳用語和新聞報導用
語），喪失了與他談論的「在者」的那種首
要的存在關係，或者根本就沒有獲得過這種
關係。海德格稱閒談是一種非本眞的「存
在」方式，是一種異化，因爲閒話把「存
在」的顯現給封閉住了，閒話妨礙著「此
在」的任何新的探索和任何爭論，並以一種
特殊的方式將它們壓迫和阻擋回去。閒談的
全部職能是「傳遞語詞」，使與他人共在的

「此在」陷於一間充滿無休止的、空洞無聊的談話的回音房中，進行著虛假的交流。它甚至把此在壓抑到無根可依的「無所不在和無處可在」的狀態中。然而本眞的「言說」就不同了。所謂「言說」，就是對那些得到了明瞭的事物的聯結。我們在「言說」這種形式中把得到明瞭的那些「存在於世」的東西「有意義地」聯結起來。它是以自覺和領悟之中所明白的東西爲基礎，而自覺和領悟又必須透過言說才能被刻劃出來。

在海德格看來，以上所說的那種世俗的「懼怕」（它與發人深省的不安相對立）和閒談，都是「此在」向非本眞狀態的「沉淪」，此在本是眞正的自我占有，而沉淪使人按照普通人的準則行事。沉淪於世界意味著沉浸於相互共在之中，而相互共在是由閒談、獵奇和模稜兩可引導的。但海德格又不願意把沉淪說成是一種偶然的和錯誤的選擇，而認爲它是實存之日常存在的必要組成部分，是一種不可避免的性質，它勾勒出了

個人與他人、個人與現象世界之間的關聯特
徵。有時候，正因為這種非本真狀態的存在，
此在才意識到它自身的喪失，從而激發它為
回歸本真而奮鬥。在此在的這種努力中，
「沉淪」變成一種「進取」的先決條件，激
發「此在」透過其存在於世的非本真狀態去
探尋本真狀態。

　　海德格把這種必然的非本真狀態和同樣
必然地向著本真之努力之間的有機的聯繫稱
之為「煩心」。「煩心」是一種神秘的感
受，它使我們心中總有一種流離失所、無家
可歸的感覺。一旦我們對我們的此在進行追
問時，我們所獲得的正是這樣一種感受。這
種神秘感預示著一種重要的時刻的來臨。在
這一時刻，「不安」使「此在」面對著它的
令人震顫的抉擇：究竟是要生存還是毀滅，
是默然停留於非本真狀態還是挺身為恢復自
我而進行鬥爭。正是在這樣的時刻，人認識
到自己是有所作為的和自由的。在這種神秘
感的重壓下，「此在」最終意識到，它必須

超越這種沉淪。這樣一來，「煩心」倒成為
一種超越的工具：它造就一種希望和渴望的
情緒，使人的生存有了意義，使個人的生活
充滿意味。海德格由此導出了另一個反笛卡
兒主義的公式：我煩，故我在。這一公式所
表明的是，人之為人在於他能夠去生存，能
夠與萬事萬物打交道。人就是失去生存的可
能性，失去了這種可能性或能力，人就不復
為人了。他把這種可能性或能力稱為「煩
心」，是人的一切生存狀態的可能性的根
子。很明顯，「煩心」在這裡已經成為一種
統一性要素：它將存在的多種要素統一為一
體，使這種「存在於世」的存在具有一種不
可窮盡的潛力。它使「存在於世」具有邁出
存在的特徵，使它總是超越於自身。這樣，
「存在於世」就像一個自身並非自身之源泉
的過程：它總是已經開始了，但還沒有到達
目的，沒有取得結果。

四、將時間與存在合併為一體

最後，海德格指出，既然「煩心」具有不斷地冒出來的性質，這一性質就決定了此在具有不斷地站到自身之外，向將來超越，並在向將來的超越中形成現在和過去的性質。這說明「煩心」的根本性質與時間有關。「煩」必須是在時間中的，正因為此，它才遭遇到在世界中的各種在者。而且根據海氏，原始的時間含義，就是「出到自身之外去」。這樣一來，存在就與時間密不可分。這就回到了本書題目所點明的主題：《存在與時間》。

海德格指出，通常，我們總是把時間想像成為無窮無盡的「現在」緊緊地串聯在一起，透過這一無窮無盡的鏈條，那尚未到來的現在，即未來，越過目前的現在，直接變

成了一個「尚未到來的現在」，也就是說，「未來」是由尚未到來的現在組成的。海德格由此還區分了時間性的實體和非時間性的實體。在日常生活中我們可以說，事物在時間中，或事物都有其時間。但這種說法不適合存在，因為存在不是物。既然不是物，它就不在時間中，凡是在時間中的東西，我們稱為時間性的，時間性是指在時間中流失，因為時間本身是流失的。但是，時間在不斷流失的同時，又是保留著的。保留就意味著不消失和不死亡或正在呈現，所以時間不再是時間性的。但儘管如此，存在又是取決於時間的，存在與時間以如此方式互相決定對方。以至於存在取決於時間又不是時間性的事物；而時間不是某種存在的事物又決定著存在。我們由此不得不把存在與時間之間的關係想像成一種合併關係：這種關係是原初的，時間和存在都由它產生出來。因此，在考慮時間和存在的問題時，就必須對時間和存在合併起來思考。海德格的《存在與時

間》和《時間與存在》就是對這兩大主題的
合併性思考，它們指向的是使這兩大主題結
合為一體的東西。

　　海德格的這一做法的確是大異於古人，
也是對於柏拉圖和笛卡兒的傳統又一個造
反，因為後者從未問過「時間怎會有這種明
顯的本體論功能？」的問題。他們用來統一
和協調其整個知識的是幾何空間、理念化時
間和永恆實體。這兩種對立的方式使我們看
到了兩種截然對立的處理人類生存及其意識
的方式。海德格對時間的強調意味著，只有
透過時間才能理解存在。「存在」本身必須
透過它的時間特徵才能呈示出來。

　　海德格合併存在與時間的結合點就是
「煩心」。他指出，此在總是為種種未來的
計劃和項目煩心，煩心所涉及的向前運動，
是以將來為前提的。「實在性的首要意義就
是將來」，也就是說，為了尋求此在，此在
往往先行於它自身，並且處於期待之中。與
此同時，此在必須隨時處理某些自己無法控

制的事務，這些事務是由此在的過去決定。
此在有一個歷史和過去，它就是它的過去。
最後，此在總是陷於當前的事務中，所以它
總是生活在現在。海德格把此在的三個構成
成分說成是「存在」、「事實」以及「陷落
」。每一成分都展示出與時間的一種特殊關
係：我為我的將來尋求各種各樣的可能性；
為我過去做過的事情承擔後果和責任；我在
現在中行動和漂流。在我的生活中的任何一
刻，這三種成分都是同時起作用的。煩心是
對此在的這三種成分的同時煩心。

　　海德格由此而轉到存在的終極字眼：
死。死和煩心一樣，也是同時洞穿此在的過
去、現在和未來的。在海氏看來，「死」是
一種真正的，也是最終的人之生存的可能
性。在這種可能性中，人自身的「存在於
世」危在旦夕。死亡向人揭示出它有可能不
再能展示自身。死亡是一種可能性，它使此
在存在的潛在能力越來越小。人之所以是徹
底的和不可逆轉的有限性，完全是因為他的

死亡是一種基本的可能性——他從人出生的
時刻，就烙印在人的生命上。它侵入我的現
在，奪去我的未來，紀念我的過去。因此，
它是存在一開始走出存在就呈示的一種方
式。人在其「陷入」狀態企圖忘記死亡的真
實意義：我們通常把死亡看作世界上的一個
事實，它是我們在訃告上讀到的東西，是發
生在別人身上的東西。雖然我知道死亡會降
臨到我的頭上，但目前還沒有，因而它仍然
是外在於我的。奇特的是，如果我轉念一想，
把它看作是我的死亡，我便意識到，我的死
亡對我來說絕不會是這個世界上的事實。我
永遠不知道我自己已經死了。在我的世界
裡，死亡只是一種可能性的東西。但這卻是
一種無時不在的可能性，我隨時都有不存在
了的可能。這個可能性取消了我的所有其他
的可能性。海德格認為，一旦你認識到了這
個可能性無孔不入地潛藏在你的存在中，你
可能會倉皇逃避這個事實，或者一蹶不振。
但你也可能面對它，你會問自己：面對著這

種可能性，我的生命有什麼意義？這一哲學
問題的提出，是我們面對與死亡的實際關係
的真相時的必然結果。當我們把死亡看做是
一種長期存在的內部的可能性，而不是看作
世界上的一種事件，意味著人已經成爲真實
存在，這成爲真實存在的人知道他的走出存
在的最終可能性是放棄自身，這時他開始變
得澄然而明。

如果以上所說是真實的，就再次說明人
的存在本質上是時間性的，正是時間性構成
了存在之走出存在的原本的本體論基礎。真
正的人會做什麼？他透過展望到死而意識到
他的根本的局限性，這種對自身之局限性的
意識預先就包括到他的任何所作所爲中，透
過在他的一切作爲中預見到死亡，存在接受
到它自身的準確的存在：它的最大的走出存
在。這樣它就真正地認識和回到自身。死亡
不是它的死亡，如果它不聯繫已有的存在；
存在旣是過去的，也是將來的。預見到自己
最終的和最大的可能性，就是理解到自己最

大的以往。因此,存在只有將自己時間化才
意識到自己整體的統一。普通人不能將自己
時間化,所以畏懼死亡。本真的存在意識到
本真的死亡,力圖對自己的有限性進行本體
論的把握,而不是從一般生物性死亡的陳腐
慣例中去尋求庇護,而是在一生中杜絕一切
惰性,成為一個為達到自我實現而有意識地
努力前行的存在,成為一種充滿熱情地走向
死亡的存在。這種人顯然已經從普通人的幻
覺中解放出來,獲得了真正的自由:即走向
死亡的自由。因為真正認識死亡就是對自己
之有限性的清醒意識,正視死亡可以引導人
們尋求生命的真正意義。至此,存在與時間
成為一體。

在審查了此在之必然的和根本的時間特
徵之後,海德格指出,這種時間性的主要體
現便是歷史。然而歷史又是什麼呢?在一般
人的心目中,歷史是指與現在有關或無關的
過去的事。但是那些屬於歷史的博物館內的
陳列品自身並未過去,它們還是留存於世的

「手邊物」。這些手邊物怎麼會有歷史性呢？因為它們屬於另一個世界，是過去另一個世界中的此在所關切的對象，而這一世界已經一去不歸。為了說明問題，海德格使用了命運、天命和遺業三個術語。命運是那種已經指派給此在的東西，天命就是指派著的東西，天命是注定的，而遺業指歷史遺產，此在在它的遺產中發現了它的潛在的可能性、它的行將到來的存在和從頭起步的存在。所謂完整地接受一個人的此在，就是要承擔起一個人的真正的歷史遺產；而肩負起自己的命運，就是去接受一項「指派」的使命。這正是去接受一個個體的有限性，並要求在有限的選擇中作出抉擇。天命是民族和種族層次上造成的命運。由此，歷史的真正意義，不在於對於一系列陳跡的記載和羅列，也不在於從過去的事實中推究出什麼定則，更不是主體業已獲得的一系列的漂浮不定的經驗。它是運用此在之遺業的決斷，從而對此在發生影響，也是個人命運嵌入歷史

的動態過程。

　　《存在與時間》是一部未完稿，也就是說，這部著作尚未完成，海德格便中途停筆了。但就其已經完成的部分，已經清晰地勾畫出海德格的基本本體論。海德格聲稱，這一基本本體論是為真正的本體論鋪平道路的，真正的本體論關心的是存在的意義。基本本體論將存在的存在界定為「存在於世」，有待於解釋性現象學去發展。這一思路可以從本書的結構看出：在本書的第一部分，海德格透過對「煩心」的分析去思考存在，而在第二部分，「煩心」被理解為「時間」——「存在」之存在的意義就是時間。而所有這些都是為了回答一個更加根本的問題作準備的：關於存在本身之含義的時間特徵。這一回答在《存在與時間》中未完成。海德格為此作過圓滿的辯護：《存在與時間》的基本宗旨是「不斷向前」，即走上現在僅僅開端的思想旅程。他自己正是這樣做的，此書未完成的主題一直占據著海德格理

論活動的中心位置，在他後來的著作和思考
中一直起著支配作用。

第三章
對「人類中心主義」
的反叛

一、真理、自由、去遮蔽

海德格的《存在與時間》產生了劃時代的影響，但海德格本人卻並不因此而滿足，他甚至覺得此書在一些重要的觀點上走上死路，根本就無法打破形而上學的藩籬，正是出於這樣一種考慮，他在發表了《存在與時間》後，又繼續對其中已經提出、但尚未盡意的兩個問題，即眞理問題和語言問題，作了詳盡的分析。

在西方傳統中，眞理一般被解釋爲思想與對象、知覺與客體的一致，按照基督教神學，事物之所以眞，就在於它符合神的觀念，神的觀念是眞理的標準，人的理智必須滿足神的觀念才會是眞的，因爲人的理智也是神創造的，後來，這一思路被黑格爾加以改造，他把這種依神的觀念創造的世界改成爲「世

界理性」，這樣以來，所謂眞理，就被說成
是思想對世界理性的符合：凡是符合世界理
性的思想認識就是眞理，否則便不是，其實，
上述兩種看法基本上是一致的，它們要麼主
張對象要符合思想，要麼主張思想要符合對
象，而所謂眞理，不過是思想與對象的一致，
總之，思想和對象之間的一致就是眞理，這
是一種毋須探究的自明的事實。

　　海德格感到成問題的，恰恰是這個自明
的事實：思想與對象之間爲什麼會達到某種
一致，這種一致關係的基礎是什麼？

　　早在《存在與時間》中，海德格就已經
提出，人和萬物是互相聯繫著的，但人對他
自己與萬物的關係又是怎樣「明白」的呢？
這種「明白」對人來說是至爲關鍵的，因爲
只有這種「明白」、「頓悟」才使人意識到
自己與萬物的關係。海德格把這種「明白」
的境界稱爲「敞開」狀態，而這就是他說的
「眞理」。在解釋這一眞理觀時，他甚至從
詞源學入手，把希臘語中的眞理一詞翻譯爲

「去遮蔽」，認爲古希臘人所認爲的眞理就
是那種照亮「存在之眞實」的「無遮蔽狀
態」。

　　在這之後，海德格把這一眞理觀繼續完
善。1930年，他以〈論眞理的本質〉爲標題發
表了關於眞理問題的演講。1940年他修改了
這篇講稿，於1943年發表，這時候，他的眞理
觀與《存在與時間》中的眞理觀已經有了不
同，海德格在《存在與時間》中談到眞理
「去遮蔽」狀態時，把「此在」（人）當成
一種特殊的媒介，認爲只有在這種媒介中或
透過這種媒介，眞理才得以顯現自身，但在
《論眞理的本質》中，海德格就轉向一種反
對人類中心主義的立場，不再把「去遮蔽」
或「敞開狀態」歸結爲人存在於世的存在方
式，而是把它看作決定人的生存得以成立的
深層緣由：人只有被拋入到這片敞開的澄明
的境界中，他才明白自己與世界萬物的聯
繫，才能展開自己的生存，他把這片敞開的
領域視爲一種超人的力量，是由超然的「存

在」本身展開來的，海德格還進一步把這種
打開敞開境界的現象描述為「自由」，認為
人和事物一旦處在敞開狀態，「自由」就對
其發生作用，正是這種「自由」，才使得人
和「在者」開始露面。

這一見解顯然與上面說的傳統的真理觀
不同，海德格沿著傳統的真理學說繼續追
問：如果說真理以「思想與對象的一致」為
其標誌，這種「一致」的可能性就在於人和
事物原本就處在「明白」的關係中，而這種
「明白」關係就在「自由」所開放出來的
「敞開狀態」中，所以說，真理之所以成為
真理的最終根源就應當追溯到「自由」。至
此，海德格便得出結論說，真理的本質就是
自由。

這裡說的自由與《存在與時間》中說的
自由同樣有了巨大差別，在《存在與時間》
中，自由是指人的屬性：人依自己本真的可
能性去生存，對自己的生存的可能性作出選
擇，就是自由，而在〈論真理的本質〉中，

自由不再指人的屬性，不是指人選擇這個或
那個方向的任意性，不是指不去約束自己幹
什麼和不幹什麼，也不是對那些必然事件的
甘心接受，這裡說的自由的意思是「讓敞開
的東西在敞開的領域裡」，這意味著讓「在
者」走出遮蔽，讓其本真狀態顯示出，這樣
的自由就是真理，很顯然，這種真理實際上
是對我們東方人經常所說的那種天命或天道
的描述，這樣一種真理觀使人與真理的關係
發生了徹底的轉變，首先，人不再是真理的
源泉和中心，人的生存必須反過來從天道或
天命那兒獲得根據。人只有被拋入天道的澄
明狀態中，才獲得「此在」（即站立出來生
存的可能）。其次，這一真理觀對人的能動
性作了更嚴格的限制。在《存在與時間》
中，萬物（在者）都是在人的生存過程中展
示出來，在者是不是出場，以什麼面目出場，
全視人的生存方式而定，而生存方式又是變
幻無窮的，在〈論真理的本質〉中，人就不
再那麼法力無邊了，只有在一個已經給定的

敞開領域內，他才有生存與選擇的自由，這
個敞開領域只是為了提供他所可能去打交道
的東西，提供給他選擇的可能性，它向人有
所提供的是天命的自由，人並不能像占有一
種性質那樣占有自由，而是自由、「生存出
來的過程」或「此在的展開」反過來占有了
人。這就是說，人不能想揭示什麼就揭示什
麼，他只能揭示天命已經投入敞開狀態中的
那些東西。人必須認識到，他是被「存在」
本身拋入「存在」的真理之中的，只有以這
種方式生存的人才能守護「存在」的真理，
以便讓「在者」是其所是，以其本真樣子出
現在「存在」的光明中，也就是說，「在
者」是否出現以及如何出現，上帝與諸神、
歷史與自然是否進入「存在」的澄明中，都
不是人所能決定的，「在者」的到來與否只
聽從「存在」的天命。

　　最後，人作為「存在」的看護者，其主
動性只能表現在去揭示「存在」的真理所展
現出來的處於敞開狀態中的東西。「存在」

的眞理把人和萬物投入到敞開狀態中去，不
等於人已經對敞開狀態中的東西揭示出來，
這種敞開狀態僅僅爲人提供了去揭示這些
「在者」的條件，只有當人提出類似「什麼
是在者？」這樣的問題時，才開始體驗到這
種眞理的解蔽狀態，發問的過程一開始，他
的眞正的歷史進程也就開始了，但是，上面
的問題並不是隨便什麼人都能提出的。海德
格認爲，只有那些思想家才能提出這樣的問
題，因此，能夠打破黑暗，使人類走向光明
的是思想家。思想家是「存在」之天命的守
護者。守護者就要努力使自己合於「存在」
的天命，即所謂的「合轍」。

　　海德格由此說到「非眞理」，如果眞理
是「去遮蔽」，非眞理就是「遮蔽」。在
《存在與時間》中，遮蔽指人的一種蒙昧的
生存狀態，具體指人介入到世界中時爲公衆
意見所左右時的狀況。而在〈論眞理的本
質〉中，遮蔽則指「存在」的天命本身的一
種狀況，這種遮蔽要比人的認識中可能出現

的遮蔽玄奧得多和牢固得多。這種遮蔽不是
對已經揭示出來的東西的覆蓋，不是先明亮
了然後被遮蔽成暗的，而是從未被揭示過的
遮蔽，是一種先於解蔽的原初的黑暗。既然
壓根就沒有被揭示過，人又怎麼知道它的
呢？人不是只能明白那些已經被投入敞開狀
態中的東西嗎？這樣一來，這種遮蔽本身不
也是被遮蔽著嗎？

　　為了對這些問題予以回答，海德格引入
「神秘」這一概念：這種遮蔽狀態是如此深
奧，以至人一旦試圖思考它，就會產生一種
神秘感。遮蔽是神秘境界的根子，神秘感是
確證遮蔽狀態的證據。這裡的神秘不是來自
對任何特殊事件的不明白，而是一種絕對的
神秘，它籠罩著人的整個「此在」。事實上，
海德格是用此種神秘境界描述人面對意識、
精神起源等根本問題時茫然無知的狀態。人
可以依靠自己生存的可能性去展開人生，但
卻不知道這種生存能力本身的起源。海德格
十分看重這種「神秘境界」，認為有了它，

人才得以體會非真理狀態。而只有有了對非真理狀態的體會，才會離真理更接近些。他指出，人總是看重那些已知的領域，總是願意守護住那些方便的和容易掌握的東西。當他著手去開拓新發明的領域時，他依然傾向於根據對原有的那些「在者」的關係為指導，即從他最近的目的和需要去作出改造世界的行動。長此以往，人就以為世界是根據人自己的計劃和設想充實起來的，人就是這個世界的主宰。他們忘記了，真正的揭示只能出於「存在」的天命，這種揭示又只能出於遮蔽。這種遺忘歸根結柢是對神秘境界的遺忘。人如果經常保持這種神秘感，就會激發自己經常擦亮眼睛保持新鮮的視界，看出「存在」的天命中可能發生的新的揭示。因此，保持這種神秘境界，就等於以一種警覺的心境守護住「存在」的天命；忘記這種神秘感，就容易遠離真理。普通人都容易忘記這種神秘境界，甚至設法逃避這種神秘境界。但在海德格看來，人一離開這種神秘境

界，就注定要去面向那些方便實用的東西，
這是人的失誤，失誤使人經常碰壁，每次碰
壁使他清醒到自己有所不知。很明顯，這裡
說的失誤，比那種日常的錯誤更深刻，可說
是日常錯誤的總根。海德格認為，「此在」
的本質結構中包含著使人經常失誤的因素。
人總是固執於那些已經揭示出來的「在者」
的關係，這樣他就失誤了，老是飄泊在失誤
中。但是反過來，失誤又總對人造成一種壓
力，可能喚起被他遺忘的神秘境界，使他可
能回到「存在」的真理中去。這樣就造成人
的一種困境：人本依照「存在」的天命生出
來，生存免不了失誤，失誤迫使他去追隨
「存在」的真理。但人追隨「存在」的真理
又只能透過生存、失誤、拘泥於「在者」。
這樣一來，人就總是游移於這兩端之間，無
法打破這種循環，這就是人的困境。

　　真理問題對海德格哲學思想的形成和發
展起了一種樞紐作用。在《存在與時間》
中，海德格的著眼點是人的生存狀態的分

析，本體論的人被說成是使一切事物得到「顯現」的場所，談的是人的「生存」，人的生存過程就是真理展開的過程，沒有人生就沒有真理。而在〈真理的本質〉中，強調的是「存在」本身，而不是人的生存。「存在」本身被當做天道或天命。「存在」不僅是顯現萬物的源泉，而且一定要顯現萬物。之所以如此，是因為「存在」本身在不斷的去遮蔽過程中，它就是真理。

很明顯，此處說的是真理不再決定於人生，而人生反倒是由於真理才得以展開。

二、「人類中心主義」與現代人的危機

海德格對西方傳統中的「人類中心主義」表現出極大的反感，他的批判集中表現在他的〈論人類中心主義的信〉中。

〈論人類中心主義的信〉寫作於1946

年，於1947年再版的《柏拉圖的眞理學說》
的附錄中第一次公開發表，在此之後又多次
發表，還出過單行本，此信長達三萬多字，
實則是一篇相當有分量的論文，研究海德格
者一直把這封長信視爲他的反對人類中心主
義的宣言書，因爲海德格提出的許多著名的
反人類中心主義的論點，如：「語言是存在
的家，人便居住在這個家中」、「人是存在
的看護者，而不是存在者的主宰」等，都是
在此論文中提出的，正因爲如此，這篇論文
在海德格思想發展中具有舉足輕重的意義，
一向被認爲是海德格的整個思想歷程中的一
個重要里程碑。

　　人類中心主義在西方各個不同時代都有
不同的表現，它有時以人道主義的面目出
現，有時以人本主義的面目出現，但不管以
什麼面目出現和不管是在什麼時代出現，都
有一個共同的東西：視人類爲世界的中心。
西方的一切人類中心主義者，不管是古代柏
拉圖，還是現代的尼采和沙特，都把人置於

世界的中心地位，認爲人從事的一切活動，
包括他的思想和信仰，都應該圍繞人自身旋
轉。自笛卡兒之後，這一傾向得到進一步加
強，這時候，人們不再稱人爲人，而是稱之
爲主體；人之外的世界不再稱爲世界，而是
稱之爲對象或客體；兩者不再是一種相互融
溶的關係，而是相互對立，在這裡，人成爲
世界的當然的征服者和擁有者，世界和自然
則是被征服者和被擁有者。至此，傳統的人
類中心主義就變成更加變本加厲的人類中心
主義。

海德格深刻地感到人類中心主義給現代
社會造成危機。爲了克服這一危機，他開始
在否定的意義上使用「Humanism」這一字
眼。他不倦地攻擊笛卡兒塑造的人的形象，
攻擊現代人極力推崇的所謂的理性的人，並
對一切形式的人類中心主義傾向在理論上給
予毀滅性的痛擊。海德格在論述中指出，歷
史上一切人類中心主義，都一無例外地停留
在人的主體性的界限內。人自視爲一切關係

的中心，有權對一切對象加以規定，而對象
必須圍繞著人這個中心逐級排列。海德格呼
籲人類要超越這種不正常的關係，不要再把
自己看成是存在者的主宰，不要對人之外的
事物實行完全的統治。

他指出，要擺脫這一切，首先要肅清人
們對「思想」概念的糊塗觀念。「思想」，
從柏拉圖和亞里斯多德起，就被當成一種技
術看待，這種特殊的技術主要是為「行為」
和「製造活動」服務的。但是，「製造活
動」基本上也是屬於技術範圍內的，說思想
服務於製造，就是服務於技術。這一傾向繼
續發展，就使人的思想只關心技術生產，使
人類只把心思用在算計人之外的世界上，人
一心考慮的，就是如何利用自然和剝奪自
然，如何讓自然成為自己的奴隸等，而絲毫
沒有考慮到要愛護它和保護它。海德格認
為，當思想沉浸到對自然的算計當中時，就
已經遠離了存在，思想也就不成其為思想。
只有從技術的解釋中擺脫出來，直接面對存

在，思考人與存在的關係時，思想才成其為
思想。反之，如果僅根據思想對技術的解釋
評判思想，無異於根據魚類在岸邊乾地上的
生活來評價魚類的本質和能力。但是，人類
的思想已經在不適合於自己的地方待得太久
了，這個地方就是技術的領域。但是，技術
僅僅是眞理的一種型態，並不代表完全的眞
理；它只過問事物在技術上的有用性，並不
過問保護自然事物的事情，因而常常遺忘存
在的眞理。海德格主張思想必須與存在緊密
聯繫，目光必須專注於存在本身。但遺憾的
是，以往的哲學，包括笛卡兒和康德的批判
哲學，總是追隨形而上學的表象運行，使自
己的思考總是從在者到在者，最多不過是在
中途瞥視一下「存在」，而作爲其出發點和
歸宿的，卻毫無例外的是「在者」。他還指
出，以往的哲學之所以未接近「存在」本
身，是因爲它們錯把「在者」當作是「存在
」，所以失去了自己的家園，使現代人因此
而變得無家可歸。

　　海德格說的「家園」，不是愛國主義意
義上的，也不是民族主義意義上的，而是在
「存在」的意義上的。他在信中說道：「當
我提到家園的本質時，意思是讓人們從存在
的歷史的本質中去思考新時代人們的無家可
歸狀態。」「無家可歸」是存在被遺忘的標
誌。存在一旦被遺忘，存在的真理也就無從
考慮。人們只是一味地忙於觀察和加工各種
「在者」，卻丟失了「存在」的表象。結果
只能錯把各種「在者」當成「存在」。這時
候，「存在」要麼被看作是一切「在者」的
總和，要麼被說成是對無數的「在者」的創
造，甚至被說成是一個有限的主體的粗製濫
造品。總之，自古以來，不是「存在」被當
成「在者」，就是正好相反：「在者」被當
成「存在」本身。這種混淆是人類失去了自
己的根本和家園的重要原因。

　　如何使人類回歸家園？這個家園在哪裡
可以找到？為回答這個問題，海德格提出
「語言是存在的家」的著名觀點。

在海德格看來，語言對人有著無可置疑的重要性。語言是人類獨有的東西，人類具備種種不同的能力，但最重要的是他具有講話的能力。這種能力使人類有接近「存在」的特權。正是在這個意義上，海德格才說「語言是存在的家，而人又居住在語言的居處中」。有了這樣一個前提，「存在」就總能透過語言對人（並且在人之中）揭示著自身。海德格指出，人既然被拋入到關於存在的真理中，就應該像詩人和思想家那樣，成為這塊「林中淨土」的看護人。人看護存在的本領表現在他對存在之明瞭性的保護，表現在他能夠藉由自己的「說」使存在的明瞭性形諸語言，並在語言中予以保管。然而可惜的是，歷史上的人類的語言經常不在「家」中，甚至使自己的語言墮落成自己搞陰謀詭計的外殼。他指出，在西方傳統中，由於形而上學對思想的長期統治，西方現代人對語言的使用已經變得陳腐不堪，它只為形而上學服務，並浸透著人作為主體對客體

和世界的絕對統治和支配的願望，浸透著人
對地球和自然的利用和剝削，最後終於導致
人在地球上的生存和居住危機。海德格強烈
地感到，這種語言已經遠離了存在，不可居
住，它已經成為服務於交往的媒介，處在公
衆的專政之下。而公衆的專政預先就決定
了，什麼東西是可理解的，什麼東西必須作
為不可理解的予以摒棄。這裡所說的「公衆
專政」主要是指主體性統治的時代中人們對
一切都無條件地加以「對象化」的狀況。他
繼續批評說：「最近被談論得很多的所謂
『語言的衰亡』，不是一個過程的原因，而
是這個過程的結果。這個過程就是：在新時
代主體性形而上學的統治下，語言幾乎無可
阻止地從它的基本成分中掉出來。語言仍拒
絕向我們透露其『存在的眞理之家』的本
質。語言受我們單純的意願的驅使，被當成
對『在者』統治的工具。」①

　　如何克服這種狀況呢？海德格指出，旣
然語言是存在的家，人居住於語言的住處，

就應當甘於當其看家人的被動者的角色。人
必須謙卑地承認，他只是這個房子的守護
人，而不是這個房屋的建築師和所有者。因
此，他所能做的，就是準備作一個沉默寡言
的思想家，與傳統邏輯斷交。這種邏輯是西
方從亞里斯多德到現代實證論的全部哲學／
科學思想的支撐，但它已經背離了邏輯的原
義。他指出，如果說「邏輯」是以「邏各
斯」（Logos）為母體的，那麼從根本意義
上說，它應當源於「講話」（Legein）這個
詞。而「講話」指的不是一種順序推進的、
前後連貫的言語，而是對已然消散的存在之
痕跡的一種收集、收穫、聚斂和回憶。因此，
從根本上說，「去思考」不是意味著去分析
存在，而是去追憶或回憶存在，然後將它置
於光明中予以揭示。這種追憶是前邏輯的。
因此，思想的首要法則是一種前邏輯的、詩
的法則，而不是邏輯的法則，邏輯的法則最
早在亞里斯多德哲學中形成，它只不過是一
種機會主義──機械論衝動的結果。這種機

械論從人的目的和便利出發，對諸「在者」
加以分類，以便使我們獲得關於這個世界的
目錄索引。他由此推論說，像「哲學」、「倫
理」、「物理學」等名稱，也和「邏輯」一
樣，是本源的思想結束時才產生的東西，不
過是主體統治對象世界的工具。更具有戲劇
性的是，希臘人在他們的偉大的時代不僅是
在沒有這些名稱的情況下進行思考，而且根
本就沒有把思想稱爲哲學。哲學出現時，思
想已經結束，因爲哲學使思想偏離了其基本
成分。

　　此處所說的「基本成分」是思想從中出
發而能成其爲思想的那種東西，即「存在」
本身。在海德格看來，思想自身如果是眞實
的，就必須同不斷降臨於思想的存在相聯
繫。它必須始終守候著，等待存在的不斷到
達。只有這樣，思想才能響應存在的召喚，
服從存在對它的要求。因此，眞正的思想，
就是看護存在，就是要經常反觀內心，並對
我們看護的存在予以供奉和默許。這種供奉

儀式的真正主持人不僅是思想家，還包括詩
人和藝術家。

如上所言，這種與存在緊密聯繫的思想
一結束，人們便不再思考存在，不再考慮人
與存在的關係，存在陷於被遺忘狀態。正是
在這樣一種時刻，才出現了「人類中心主
義」的苗頭。Humanismus這個詞最早出現
在古羅馬思想家西塞羅那裡，此時的
Humanismus不過是指一種能夠使個人的才
能得到最大限度發展的教育制度。但是，就
人類中心主義傾向本身來說，它在柏拉圖的
形而上學中就已有苗頭。因此，西方從柏拉
圖到尼采的一切形而上學都是人類中心論
的。這種形而上學只著眼於「在者」，而不
追問「存在」本身。它甚至把「存在的澄
明」錯誤地看作是出現在其外觀（idea）中
的面貌，是透過主觀方面的範疇意象見到的
東西，從而使那個作為澄明本身的「存在」
的真理始終蔽而不明。它既不追問「存在」
本身的真理，也不據此去追問人以什麼方式

屬於「存在」的眞理。

　　自古希臘羅馬後，西方歷史上又出現了各種Humanismus。古羅馬的Humanismus具有著人道主義的傾向。文藝復興時期的Humanismus是想透過古羅馬的人道主義說明自身，德國的哥德、席勒等人所要發揚的，也是這種以「人道主義」出現的人類中心主義。除此之外，Humanismus還出現在各個不同的研究領域。例如，神學中的人類中心主義把人看成神的兒子；馬克思和沙特的社會學說則主張在社會中發現人的本質。不管哪一種，都是透過獲得人的本質看法，提高人的價值。

　　古代的教化論主張透過教化鞏固人的中心地位，基督教則認爲人的得救在天國，現實世界只是通向天國的暫時通道。馬克思認爲只有透過建立一個合理的社會才能求得合乎人性的人。儘管歷史上出現的各種Humanismus對人性的看法和實行理想的人性的途徑各不相同，它們都一無例外地把人

類本身的利益當作第一位的；儘管它們在目
的、原理、實現方式、手段以及敎義形式方
面各有不同，所理解的人性都是根據一種已
經建立起來的對自然、歷史和世界的基本解
釋來規定的，即根據對全體的「在者」所作
的解釋來規定的。這就是說，以往一切關於
人的學說，都停留在「在者」的水平上看人
的本質，它們一無例外地把人看作全體「在
者」的一種，或者透過其他的「在者」說明
人，而不去追問「存在」本身的真理。海德
格指出，這種做法無論如何都不能把握人的
本質。例如，人們儘管可以把人看作是理性
的動物，用「理性的」規定將人和動物作出
區別，但歸根結柢還是把人看成一種動物。
所以這種規定看似人道，其實是最不人道。
不人道的根源是它們沒有從人的本質的來歷
方面去思考，從而將人從存在的真理中排除
出來。人一旦從存在的真理中被排除出來，
就作爲理性的動物到處圍繞著自身旋轉。但
是人的本質在於：他遠遠多於一個理性的生

物。這裡的多於，不是在原來的理性的生物
之外再補充一些規定，而是在此之外還有一
種更本源的，在本質上說是更本質的東西。
這種東西使他不再是作爲「在者」之主宰的
理性動物，而是超越了理性動物的存在的看
護者。海德格指出，作爲「在者」之主宰的
理性動物，是永遠無法達到存在的眞理的，
因爲主宰就意味著破壞，當他一味地征服和
支配自然時，不僅損害了自然，而且徹底破
壞了人與自然應有的和諧相處的關係。人作
爲「存在的看護者」就不同了。這時候，人
不認爲自然是屬於自己的，他只有看護它和
不使它被破壞的權利，而沒有擁有它和讓它
爲自己服務的權利。人唯有這樣想和這樣做
時，他才能與自然保持一種平等和諧的關
係。也只有在這種關係中，存在的眞理才能
向他展示出來。

　　在海德格看來，儘管歷代的Humanis-
mus都在尋求人的本質和提高人的地位，然
而遺憾地是，它們越是把人捧得高，越是把

人視爲中心，就越是遠離存在的眞理。所以
海德格認爲，必須在這種Humanismus中加
入一種對抗人類中心論的反向力。但是，注
入反人類中心論的反向力，並不意味著肯定
非人道和暴力行爲；談到反主客對立的「理
性」和邏輯，不意味著放棄思想的嚴格性，
讓任意的感情衝動主宰人的精神；談到人的
存在在於「存在於世」，並不意味著把人貶
爲單純此岸的生物，也不意味著哲學沉湎於
實證主義；談到反對「價值」，並不意味著
以往人們視爲具有最高價值的東西，如文
化、藝術、科學、哲學、人的尊嚴、世界、
上帝等都是無價值的；對人類以往視爲崇高
和神聖的東西作出檢查，並不意味著要推行
一種不負責任的和破壞性的虛無主義。總
之，他的反抗「人類中心論」，絕不等於要
維護非人道的和非人性的東西，而是要打開
另一個更高級更超越的眼界。例如，通常的
邏輯把思想理解爲對「在者」的表象，而不
是對「存在」本身進行的沉思。但是，只有

對後者沉思，才能抓住「邏各斯」的原始本
質。通常的邏輯相信可以躲避對邏各斯和對
在邏各斯中建立起來的理性的本質進行沉
思，這種邏輯恰恰是眞正非理性主義的。再
如傳統的價值觀，它總是以人爲中心對一切
東西進行評價，所以被評價的東西總是作爲
人的評價的對象，其價值的存在就在於它們
是人的對象。這樣做恰恰剝奪了被評價的東
西本身的尊嚴，恰恰是不讓「在者」存在。
例如，當人們按照上述思路宣布上帝是最高
價值時，就無非說上帝對人是最有用的，實
則大大貶低了上帝的價值。因此，反對對事
物標價而提倡思考，絕不意味著否定「在
者」的價值，也不意味著爲虛無主義張目，
而是要反對把「在者」主體化爲單純的客
體，從而把存在的眞理的澄明帶到思想的面
前。

　　海德格在這封信的結尾處提醒著人們，
切莫把主體性哲學估計過高。在現代世界的
災難中，要少談些主體性哲學，而多注重思

注釋：

①海德格：《柏拉圖的眞理學說，附論人類中心
　主義的信》，1954年，佰爾尼，第60頁。

　　海德格在完成《存在與時間》後，開始
從歷史的角度縱觀異化現象，進而認眞研究
了二十世紀人的狀況和特點，由此導致了對
詩歌和技術的關心。他認爲，現代哲學家的
使命之一，就是要深入思考技術的本質。早
在1935年寫的〈藝術作品的本源〉中，他就
指出，科學和技術把自然對象化，導致了對
大地的嚴重破壞。自此之後，他的大量著作
和論文中就充滿了技術批評的言論。他的專
門以技術爲題的論著有《技術問題》和《技
術轉折》，而《林中路》、《充足理由律》、
《冷靜》等著作的中心論題也都與技術問題
有關。海德格的思想越是發展到後期，其對
技術問題的關注就越強烈。在1974年於貝魯
特召開海德格討論會時，海氏給大會寫了一
個祝詞，這個祝詞竟然只限於對他後期注重
的最重大題目：「新時代的自然科學和現代
技術」。在1974年4月在芝加哥召開的海德格
學術座談會上，他的祝詞又說了相同的話。
　　概括起來，海德格的後期思想分爲兩

極，一極是對西方現代科學和技術的批評，另一極是提出了用以克服西方現代技術的語言、藝術、神話理論。

一、技術的本質

　　海德格不同意人們對技術的流行看法。按照這種看法，技術是工具和手段，而不是目的本身。他指出，技術既然是手段，就可以爲好的目的服務，也可以爲壞的目的服務；既能給人類帶來好處，也能給人類帶來壞處，全憑使用它的人來決定。海氏認爲，這種把技術視爲工具性的東西和中立物的觀點，雖然是正確的，但卻丟掉了技術中的眞正的東西。它的最要命的失誤是使人不由自主地受技術的擺布，而看不到技術的本質。

　　那麼什麼是技術的本質呢？海德格認爲，技術不僅僅是手段，它還是一種展現的

方式。它展現的是一種單一的人與事物的技術關係:人僅僅從技術的角度去看待事物,否認事物還有別的面貌和價值。換句話說,某些事物本來有著極其豐富的存在和內容,技術卻迫使人只從一個方向上去看待他們。例如,人出於技術的需要,只看到空氣可以提供氧,只看到土地可以生產礦石,只看到礦石可以生產鈾,只看到鈾能生產原子能,如此等等。總之,在技術的視野中,整個自然都被當成了能量的提供者,被當成工業社會的龐大的原料倉庫,其中的各種東西成了用於工業生產的儲備物。海德格特別指出,一種東西如果淪落為「儲備物」,它就連「對象」都不如。「對象」可以面對人站著,還保持著自己一定的獨立性。儲備物則不然,它再也無權面對人站立著,全然失去了自己的獨立性。它必須停留在「倉庫」裡,隨時準備被提出來,為技術生產服務。

更糟糕的是,技術不僅限定了事物,還反過來限定了人自身。這種限定是由技術視

野決定的。技術視野就像是一個框架，人的
視野總是受技術視野的限定，像一個技術動
物一樣被迫按照技術的需要去行動。長此以
往，人本身也變成了儲備物，變成人力物質，
隨時被調出使用。這種淪落爲儲備物的人缺
乏思想、缺乏感受，只能在技術的要求下，
千篇一律地從事技術生產。與此相對應，事
物物性完全溶化到被謀算好的市場價值中。
人則成爲謀算自然者，他經常在稱量和權衡
事物的分量，卻不認識自身的分量。總之，
技術使事物處於無保護狀態，最終導致了人
自身的無保護狀態。

　　一言以蔽之，技術的本質並不是用機器
代替人的手，而是人和事物同時被技術的框
架限定和強求。事物被當成技術生產的原
料，人被困於技術的視野，世界的豐富性被
遮蓋了，人的豐富性也被剝奪了。這才是技
術的本質所在。

二、科學是什麼？

　　與此同時，海德格對科學的本質也作了一番沉思。他指出，究竟什麼是科學？按照流行的看法，「科學是關於現實物的理論」，也就是說，科學是理論，它以現實物為對象。但是，在技術時代，「現實物」和「理論」這兩個概念的內涵都改變了。「現實物」原本指物的自然狀態，不包含人的行動。但是，在歷史的演變中，現實物逐漸被看作是人的行動中產生出的東西，看做是人的行動的結果。到近代和現代，現實物又被看作是對象，與人對立。

　　至於理論，在希臘人那裡，「理論」原本指觀看眼前事物的外貌。希臘人把這種觀看的生活看做是最高的活動。然而在歷史的演變中，「理論」逐漸失去其原始含義。當

「理論」一詞被翻譯成拉丁文時，對本應該
用眼睛把握的東西採取了干涉性的行動，後
來德國人把拉丁文的「理論」翻譯成德文
時，其中就有了「觀察」的意思。在現代人
的活動中，「觀察」不再是希臘人的那種純
粹的觀看，而有了追踪和追求某個東西，確
保這個東西的對象性的含義。很明顯，這種
「觀察」已經包含了處置和加工的意思。
「理論」的含義一變，科學的含義也就變
了。

　　本來，科學作為現實物的理論，純粹為
了理解現實的東西，而不是對現實物予以加
工。所以純粹的科學是「無目的性的」，而
現代科學則視現實物為對象，對現實物採取
了干涉性的行動。這樣，科學作為理論，就
把自己固定於由對象性所限定的領域內。例
如，自然科學把自然看作是對象，精神病學
把人看作是對象，歷史學把歷史看作是對
象，語言學把語言看作是對象。現實物如果
總是以對象的方式向人展現，它的豐富性就

被抹殺了。因爲自然界具有豐富的本質，絕
不是對象性的觀念所能窮盡的。如果現實物
的對象性取得支配地位，使人們只限於對象
性觀念，便排除了現實物以另外的方式展現
的可能性，也就抹殺了自然的豐富的本質。
這種對象性正像黑格爾說的黑夜，夜間觀
牛，其色皆黑，其中一切差別都消失了，一
切都被溶於對象性之中。

　　總之，不管是現代技術還是現代科學，
都只把自然事物展現的一種方式當成了它們
的全部的本質和眞理，事物在科技方面的效
用被當成了其全部的效用，事物的自然狀態
對人的長久生存的重要性受到嚴重忽視。其
結果是嚴重的，它使得西方人總是在算計自
然，剝奪自然，在剝奪自然資源的同時，自
己也被縮小爲功利主義工業中的分子和因
素。人類失去了自然，失去了存在本身，也
失去了自己的位置。人掌握的技術越是進
步，其征服自然、向自然索取的胃口就越
大；胃口越大，索取得越多，人就被認爲越

文明和進步。最後進入一種不能自拔的惡性
循環中。更嚴重的是,隨著技術思維的擴展,
現代人甚至把語言也當作是一種形式演算,
一種能被操縱和被控制的工具。海德格最後
把我們文明中技術的上升和它的浮士德式的
意願(爲了獲得知識和權力而向魔鬼出賣自
己的靈魂)合併起來考慮,指出兩者相加之
和就是「權力意志」,這種意志發展到頂
峰,甚至發出「把自然置於絞刑架上,逼迫
它回答我們的問題」(培根)的狂傲之言。

三、走出困境

　　如何克服現代科技的片面性?海德格指
出,關鍵是要有清醒的頭腦。現代人對技術
的認識尚停留在表面上,他們要麼反對機
器,要麼讚美技術。反技術的人士缺乏清醒
和明智的歷史觀,沒有看到技術是我們命運

的一部分，離開技術我們就無法生存。他們
不知道，從某種意義上說，技術就是我們的
存在，我們之所以是現代人，部分是技術塑
造我們的結果。簡言之，清醒的人必須看到
技術的無法抗拒性，一切相反的觀點都不是
來自深刻的思維。技術時代既然是一個客觀
的存在，無論贊成技術還是反對技術都是毫
無意義的。這是一個技術時代，人類的文明
已經和技術密不可分，技術已經成了我們生
存死亡的關鍵和籌碼。如果沒有技術，這個
文明就會立刻崩潰。

　　然而人類又如何才能克服技術造成的困
境？關鍵是要看到問題的所在。一個最明顯
的事實是，由於技術自身的快速進步，使人
類短時間內便可掌握很高的技術手段（如遺
傳工程），但可惜並沒有產生出與這種技術
同步的、將這種技術手段用於造福人類這一
最高利益的智慧。海德格提醒人們，面對這
一事實，我們除了技術思維外，還必須進行
另一種完全不同的思維：這種思維不思考任

何問題，也不算計任何事情，它使人反覆考慮和極力調整的，是我自己同我自己，以及我自己與自然之間的關係。這是一種更健全的思維，經過這種思維後，我便覺得自己更健康，更加完全，物之為物的無限豐富性也就向我們展示出來了。

海德格在其〈事物〉一文中指出，「事物」就是「事物」，而不應該說成是我之外的某個對象。對象總是相對於主體而言的，不作為人的對象，事物仍不失為事物，而當我們把事物當對象時，就已經將事物主觀化了。但他又不贊成康德主張的「物自體」的存在。他主張，研究物之為物，就是研究一切事物如何「存在」，這是關於物的「展現」的問題。他主張以「展現出來者」來稱呼事物，而不要以「對象」來稱呼它們，因為「展現出來者」比「對象」更包攬無遺：它既可指在其生長過程中產生出來的東西，也可以指因它者而使之然的東西，還可以指人造物。

海德格認爲，「事物」之爲「事物」，
是會聚了多方面的因素於一體而得到展現
的。那麼在事物「展現」的過程中聚集了哪
些因素呢？海氏認爲至少聚合著四方面的因
素，這就是天、地、人、神，這就是事物的
四重性。海德格認爲，事物的「四重性」涉
及人類在地球上的詩意般的居住，是用以對
抗技術之框架的強大力量。他以一個容器的
罐子爲例說明這一點。他說，罐子之爲罐，
在於它作爲一個容器來盛物、盛酒、盛水。
水取自泉，泉湧於石，石和泉根置在大地中，
大地承受雨露以滋養湧泉。所以泉水中寓有
天和地的婚姻。若是罐子中盛的是酒，酒是
用葡萄釀成的，葡萄的生長必須上承雨露陽
光，下受沃土的滋養。因此，不管從哪方面
說，離開了天和地，罐子就不成其爲罐子。
換句話說，在罐子之爲罐子中，寓居著天和
地。除此之外，罐子之爲罐子還和人、神有
關：罐子盛水或酒，是爲了讓人解渴消困或
享受快活。如果罐子裡的酒不是爲了飲宴而

是為了祭神的慶典，罐子中的酒就成了神的供品。這供品是人供給天地神靈的，所以其中同時寓有天地神人四種因素，這就叫事物的四重性。在海德格舉出的具有四重性的事物中，還有橋、長凳、犁、樹、池塘、小河、山、小鹿、馬、鏡子、別針、書、畫、王冠、十字架等。他指出，這些事物絕不是孤立的一件事物。當其展現自身時，也就是其四重因素同時展現出來的過程。總之，一個事物就是一個世界，一個事物的展現就是一個世界的亮相。

海德格指出，在科學技術的視野中，事物的上述四重性沒有了。科學使這些事物成為觀察的對象，技術使他們成為技術生產的儲備物，哪裡還有天地人神的四位一體性！既然科學技術無法使我們與這些事物的本來面目打交道，就等於消滅了事物。海德格認為，不僅科學方法和技術不是人接近事物之真相的方式，就是只從質料和形式方面來討論事物的哲學，也不是接近它們的方式。他

仍然以罐子為例說明這一點。對於一個製罐子的工人來說，他的腦子裡必須有一個罐子的形式，但罐子的形式還不是實際的罐，因為形式還只是一個意象。罐子製成時，方有罐子的展現，因為意象中的罐子還不能盛物。因此事物不是意象，而是展現出來者。同樣，事物之為事物也不在於其質料。質料只構成了罐子的壁和底，但罐子作為容器不光是罐子的壁和底，它還包括壁和底圍成的空間。海德格根據事物的四重性結構得出這樣一個結論：人對事物的認識和反思總是片面的。為什麼這麼說呢？他指出，天地人神總是合為一體在事物中展示出來的，當我們說到其中之一時，就已經關乎到其餘三者了。因為其中的任何一個總是以自己的方式映照著其餘的三個。這種相互映照同時起轉讓和占據作用，一方面將自己轉讓給它者，另一方面將它者占據為己有。世界只能在這種映照作用中展示出來，而別無他途。人的認識和反思不能展現這種映照作用，因而不

能展示世界之爲世界的根本。這是因爲，認
識只透過因果範疇來考慮事物：當人想去對
世界反思時，他就站在把自己同世界分離開
來的立場上。但實際上這種分離是不可能
的，人總不能超越包括人在內的由四重性因
素結合爲一體的世界。人對世界的解釋和反
思，無論如何也達不到世界之爲世界這個現
象中的四者合一的單純性，因而永遠不能識
別廬山之眞面目。

　　海德格規勸說，雖然我們生活在技術時
代，受科學認識和反思的局限，受技術對象
的束縛，但不能被動屈從。在這種情況下，
我們仍然是有所作爲的。例如，我們可以使
用技術對象，但是在使用的時候有所提防，
隨時放鬆它們，讓它們立足於自身。也就是
說，人固然可以使用技術對象，但不能把技
術對象僅看作是技術對象，將它們作爲一種
技術對象去追逐和占有，從而荒廢人的本
質，使人成爲技術動物，而是要立足於它們
自身，同時照顧到它們的天然的世界。正如

海氏所說，我們讓技術對象既入於我們日常
的世界，同時又出於這個世界。這就叫立足
於事物自身。海德格把對技術世界的同時肯
定和否定的態度稱作是「冷靜地對待事
物」。只有冷靜地對待事物，不去算計它們，
不去反思它們的因果關係（理由），事物的
秘密才向人敞開。為此，他引用了波蘭古代
詩人Angelus Silesius在其〈天使般的漫遊
者〉中的兩句詩：

> 玫瑰是沒有為什麼的；它開花，因為它
> 開花，
> 它不注意它自身，並不問人們是否看見
> 它。

玫瑰開花，沒有什麼理由。它開花了，
這是一個事實，不管你承認不承認，不管你
看見沒看見，不管你能否為它找到理由，都
是如此。對待玫瑰開花一事，人們唯一能做
的，就是尊重這一事實，而不是去改變這一
事實。海德格引用這兩句詩，目的是要西方

人改變那種對自然事物一味地追求理由和
「為什麼」的算計態度，不要再把它們看成
技術的原材料，不要妨礙玫瑰開花的自然事
實，要尊重自然的秩序，維護事物的自然狀
態。

　　海德格指出，「冷靜地對待事物」還要
同「向秘密敞開」的態度結合起來。兩者結
合在一起，就賦與我們一種新的可能性，使
我們以完全不同的方式在世界中停留。所謂
不同的方式，就是不只以科學技術的眼光看
待周圍的一切。我們應該向自然的魔力敞
開，向大地、群山、河流、罐子、農婦的鞋
等事物的秘密敞開。我們要穿過田野中曲折
的小路，親身感受田園的自然風光；要感受
天地神人四重性因素在一座橋、一幢建築
物、一棵樹、一個杯子中的統一。要通過感
受和靜思，使現實物的存在本身顯露出來，
而人在接受自然的這些恩惠的同時，也就確
定了自己的存在和得到自己存在的真理。

四、藝術的本質

　　海德格在其學術生涯的後期不僅重視技術批判，還十分重視藝術，特別是詩，認為詩肩負著在藝術世界進行拯救的重任。海德格關於藝術方面的主要著作是他寫於1935年的〈藝術作品的本源〉。此文直到1956年才在其論文集《林中路》中得到出版。他在這篇文章的附錄中特別指出，他所說的「藝術」是有特殊的限定的。具體說來，他對於藝術是什麼的沉思完全服從於他對存在問題的看法。這種沉思涉及到藝術本身存在之謎，而他的任務不是解決這個謎，而是看到這個謎。他還指出，他的這篇關於藝術的文章無意建立一套完整的美學體系，也沒有提供關於藝術的哲學，只談藝術作品如何涉及到真理。

　　海德格認為，新時代的人的藝術觀受到
這個時代的狹隘的思維模式的限定。由於這
種思維完全被限制在主客關係的框架內，人
被看作是主體，其他東西，包括藝術在內的
創造物，都統統被視為純粹的客體。藝術作
品雖然是創造物，然而一旦人們從功利角度
來看待它時，就把自己當成了這種創造物的
主人，使它同自然界的其他東西一樣，變成
了客體，與自己對立，與它的關係也就隨之
成了「對手關係」或「對抗關係」。在這種
關係中，人們強迫這一創造出來的對手提供
知識和能量，卻沒有耐心去傾聽其內在的聲
音，更沒有為之提供一個棲身之所。更糟糕
的是，人們還經常從技術的角度去看待藝術
品，這樣不但不會將它的真實存在呈現出
來，反而用一種愚昧的遮蔽物將它掩蓋起
來。海德格認為，真正的藝術的源泉和意義
是對真理的創造性的看護，而不是像柏拉圖
和笛卡兒所說的，只是對現實的模仿。對存
在看護的藝術比現實更真實，因為這種藝術

步於一望無際的單調的田壟上的步履的堅韌
和遲緩。鞋皮上黏結著大地濕潤而肥沃的泥
土，鞋底之下黏結著垂暮時田野之路的寂
寞。這雙鞋具還迴蕩著大地的呼喚，展示著
大地對成熟穀物的無言的饋贈，透視著大地
在冬閒的荒蕪田野裡朦朧的冬冥。這鞋具還
浸透著對麵包的供應不足的無怨言的擔憂，
展示出重新戰勝貧困後的無言的喜悅，隱含
著分娩陣痛時的顫抖和死亡逼近時的顫慄。
這個用具從屬於大地，並在農婦的世界中得
到保存。從這種被保存的從屬關係中，用具
本身產生出來，使它能夠立足於自身。」①

　　這就是海德格看到的這雙鞋子的器具的
存在。很顯然，對於這一「存在」，農婦自
己一般是看不見的，她的經驗和觀察也許只
看到了它的有用性，而看不到它的「可靠
性」。按照海德格，器具的「可靠性」是大
於和超出其有用性的，是與器具用品的真實
存在聯繫在一起的東西。器具的存在只能透
過這一器具的「可靠性」體現出來，而不可

　　器具本身接近眞理，可惜農婦根本就看
不到這些。農婦看到的只是鞋子的有用性，
而看不到它的可靠性。原因很簡單：農婦只
是憑藉一般的經驗去觀察和看待它們。不僅
農婦自己看不出來，就是其他人通常也看不
出來。「要是我們只是一般地把一雙鞋設置
爲對象，或者是在圖片上觀照這雙擺在那裡
空空的無人使用的鞋，我們永遠不會發現它
的器具用品因素是什麼」。然而梵谷的畫就
不同了。我們從中根本無法辨認出這雙鞋子
放在什麼地方，除了一個不確定的空間外，
這雙農婦的鞋的有用性已經歸於零。當其有
用性向我們關閉時，正是它的可靠性或它的
本眞存在向我們揭示之時。海德格對梵谷鞋
子的那一大段描述，正是對其可靠性的描
述，也是對鞋具自身之眞理的描述。正因爲
梵谷的畫對準的不是鞋具的有用性，所以才
使我們注意到它的本眞的世界，這個世界就
是人生意義聯繫之網。這說明，只有藝術作
品才能以自己特有的方式開啓這個世界，開

作品的了解說成是體驗。按照傳統美學，不
僅藝術享受是體驗，藝術創作也是體驗，體
驗是藝術的決定性的源泉，藝術的一切都取
決於體驗。海德格批評說，這種與主體有關
的「體驗」，也許是導致藝術死亡的因素，
因為這樣一來，藝術就成為主體的「體驗激
發器」。看來，海德格是有意對抗這種二元
兩分的美學理論。在他這裡，美的存在是真
理的本真存在的自行顯現的技巧，而真理就
是自行隱藏自身者的去遮蔽過程。美並非是
使人喜歡的東西，而是當一直不可顯現並因
此不可見到者達到了顯像的顯現時，以真理
自行顯現的技巧自發出現的內容。與之相
應，藝術品不能是藝術家的創造，藝術家的
工作不是技法性的。藝術家不是技法的大
師。「藝術家是無足輕重的，他幾乎是作品
出現的通道，通道建成之時，就是藝術家自
己滅亡之時。」②

　　海德格認為，真理在作品中的自行顯現
是透過藝術使用的各種質料自身的本質的顯

現來實現的。例如詩人要用詞語，詞語在詩中就顯示了它們自身的本質。畫家要用顏料，顏料在畫中就顯示了它作爲顏料的本質。雕刻家要用石頭，石頭就在他的雕塑中顯示了石頭的本質。總之，藝術對眞理的顯示包括了對大地諸物的本質的顯示。藝術作品中展示的器具用品與日常生活中的器具用品是不同的。日常生活中的器具用品不能顯示大地諸物，而是以自己的有用性將這一切隱蔽起來。也就是說，它們作爲一種器具越是有用，其對其質料的本質的隱蔽性就越強。只有當它們破敗時，其質料自身的存在才被顯示出來。例如一雙皮鞋，當它是一雙嶄新的皮鞋時，人們絕不把它當作皮子。只有當它被磨損得不能穿用時，我們才把它看做是皮子。藝術作品就是要一反常態，將質料本身的物質榮耀顯示出來。要做到這一點，它就必須將一些人們習以爲常的東西展示爲新奇的東西。而一件作品越是從日常世界中孤立出來，就越能把觀賞者從其習慣的

世界中引走出來，進入眞理的世界。自然物
如石頭等，之所以爲自然物，恰恰就在於它
的含義在日常生活中，根本不顯示，因而從
來不被注意和考慮，很難成爲話題。藝術作
品使自然物的含義明朗化，使它像衝擊波一
樣衝擊著觀賞者的麻木的意義。海德格的藝
術哲學還把「自然」與「大地」看作同義
語。大地是在藝術作品中顯示自己的存在，
在藝術作品中，大地作爲大地顯現。藝術作
品把大地「製作」成大地的眞身。總之，藝
術作品使自然物或大地進入眞理之中。自然
本是隱匿的，不開放的，藝術作品則將其轉
化爲開放的。

　　海德格的藝術觀同他的眞理觀息息相
關。在海德格看來，眞理就是去遮蔽。在他
的藝術哲學中，「世界」表示這種去遮蔽
性。他認爲，世界的本質型態是其開放性或
公開性。他以古希臘廟宇爲例來說明：這些
廟宇集合和會聚了一些道路和關係的統一，
集合和會聚了生和死，不幸和福澤、勝利和

恥辱、堅韌和衰敗的民族命運。因此，通過
藝術的「生產」，廟宇打開了一個世界；只
有在這個世界中，石頭和動物、人和神，才
能是它們所是的東西；只有在這個世界中，
古希臘民族亮出自己的真相，自己將自己顯
示出來。它還顯示了古希臘人對神的態度，
與神交往的方式。在這個世界裡，神廟已不
是神的符號，而是諸神自身。古希臘人相信
的正是這些有形體的神，神就是人們從神廟
中看到的樣子。神是最高真理的化身，所以
神廟意味著真理的顯現。

　　藝術一方面建立了世界，一方面顯示出
大地自然的真相。大地與世界相互昭示對方
的本質，兩者不能缺一。缺少任何一方，真
理的結構便不完整。具體地說，世界以大地
為其根據，世界尋求著大地，趨向於大地，
以便顯示自己的本質。與此同時，世界是公
開性的，它要求在大地上公開自己的公開
性。但與此相反，大地卻尋求將世界重新隱
匿於自身之中，這樣兩者就有了爭執，處於

緊張之中。但爭執雙方都不以對方為目的，
因為兩者又互相需要。藉由爭執，顯示出兩
者的差別；差別使兩者離異，又互相合和。
藝術作品就是這樣集大地和世界於一體，爭
執與寧靜於一身。他仍然以神廟對這一原理
予以澄明：神廟建立在多裂縫的岩石上，它
遮蔽著下面的土地，同時又接連著上面的天
空。天空是敞開性的空間和現實，大地是遮
蔽的處所。廟宇裡面的神祇同樣既是出場
者，又是不出場者。它在顯靈的時刻出場，
然後又從人們的視野中悄然逝去。也就是
說，對於那些虔信者來說，這座廟宇同時開
放著和隱蔽著自身。廟宇建立起世界，但它
在建立世界時，又明示大地，讓大地被看成
是在湧現著。這種湧現同時又把自身往回掩
藏在自身內，並往回掩藏自己的不可耗盡
性。在這藝術品中的大地不僅是神廟下面的
土地，還包括了風暴的影響、太陽的作用、
四季的變化、日夜的交替等。大地唯其如此，
地才作為家園的基地而出現。也就是說，歷

成的工作。衆神離開了這個世界，卻不時降
臨人世進行熱情的訪問，詩人正是他們最直
接造訪或藉以顯身的對象。詩人因此而領受
神的光明，成爲這片光明的寄居場所，並與
眞理和神息息相通。神透過詩人說出眞理。
海德格因此而稱詩人爲半神人：他處於神和
人之間，專門把神的暗示傳遞給民衆。詩人
的任務是給有死者帶來神靈的踪跡，並把神
靈的暗示繼續暗示給民衆。

　　他認爲，我們現在所處的技術時代是一
個相當貧乏的時代，過去的神靈消失了，該
來的神靈尙未到來。自然就完全失去了神的
保護，完全處於技術的統治與干涉之下，人
作爲自然的一部分，同樣失去了家園，陷於
無家可歸的境地。他極力主張，在這種情況
下，有必要建立新的神話，使人能把天當作
天，把地當作地，把自然事物當做自然事物，
眞正接近事物的本質，在天地神人的四重性
中達到一種詩意般的居住。爲達到這一目
標，詩人起相當關鍵的作用。「思想家說出

存在，詩人爲神聖的東西命名。」詩人究竟
怎樣爲神聖的東西命名呢？這裡的所謂神聖
的東西，就是事物的本質，就是自然，就是
純存在。這渾然一體的自然是一般語言無法
表達的，只有詩可以將其「言說」出來。這
裡的「言說」就是將它隱蔽的地方照明。詩
人一直走在求索神聖的東西的道路上，神聖
的東西常常給詩人暗示，詩人則尋求恰當的
詞彙來表達這種暗示。歸根結柢，是神聖的
東西給詩人送來辭藻，最後它自己也來到這
些辭藻之中。所以詩的語言是神聖的東西的
居所。神聖的東西講話了，它講的話就是詩。
所以，這種詩不是指一般的詩，旣不是柏拉
圖所說的模仿，也不是亞里斯多德講的表現
和象徵，更不是語言的藝術和純文化現象，
也不是來自個人生活和想像力，而是存在的
家園，它可以使人在這個無家可歸的世界中
找到自己的歸宿。

　　海德格正是懷著這樣的高見閱讀了他尊
爲詩中之王的賀德林的詩。他最推崇的是他

的「回鄉」詩。他認為，詩人在這首詩中所
說的回鄉，並不是一般人認為的那個作為其
出生地的故鄉。詩人所要回到的故鄉，要比
他的出生地博大得多和深奧得多。「家鄉」
的內在本質是天道，也就是人生存之根本，
回到家鄉就是回到人存在的根本。正是在這
個意義上，他才說真正的詩人所作的詩都是
對詩的本質的表達。但為什麼又要說回鄉
呢？人何時離開了天道的故鄉？海德格認
為，人本是應天命而生，人生就是到「天
道」的澄明中去的過程。這片澄明的境界也
是人與天地萬物同時發生、相互交接的領
域。澄明的到來出於天道的命令，而怎樣在
「天道」的證明中與萬物打交道，得由人自
己去冒險摸索，由人自己去發現和營造。這
種發現和營造是相當具有詩意的。人生就是
作詩。所以不管人生的摸索和冒險有多少坎
坷，從本質上來說都充滿喜悅，有詩意的。
人本應詩意地棲居於大地上。海德格認為，
在大地上詩意般地居住，也就是在「天」之

下居住。這裡的天，泛指天道，包括了「太
陽沿弧形的軌道運轉，月亮以不同的型態運
行，星光的閃爍，一年內四季的轉換，白天
的日光和黎明的薄暮，黑夜的昏暗和明亮，
天氣的適宜和陰雨寒冷，雲的飄移和蒼天的
藍色的深邃。」③

　　但是現實中的人生並不總是如此美妙，
人常常感到乏味，感到無詩意。海德格認為，
這恰恰說明人的生存本來應該是詩意的，如
果不是這樣，人就不會感到乏味，就像木頭
從不會感到乏味一樣。人感到乏味的原因是
他過度瘋狂地去度量和計算，破壞了自己與
自然的和諧關係。海德格由此而談到「回
鄉」的本意：回鄉意味著回到人原本與自然
和諧相處的狀態。詩人把人們從來沒有說出
過的與自然和諧相處的神聖體驗用適當的詞
說出來。賀德林就是這樣的詩人，他生活在
一個虛無主義和濫用精神的時代氛圍之中，
其個人的際遇使他成為最敏銳但又最容易受
傷害的人。但只有這樣的人才成為人類最終

返回自然真理、返回諸在者之神聖家園的保
證人。回到家園的內在的呼喚將詩人的創作
引入到一個與神性相鄰的領域。這種詩不是
明白地說出家園是什麼，而是體現了一種追
尋天道，回到家園的意識。有這種意識與沒
有這種意識是大不一樣的。對於有這種意識
的人來說，雖然他接觸到的山川風物與常人
所見沒有什麼不同，但常人不究其來歷，而
具有存在意識的詩人則要努力體會這些普通
事物後面的神聖的主宰力。一旦有了這種體
驗，事物就有了不同的意蘊和詩意，連那些
萍水相逢的人，也都與自己成為一體。「眾
裡尋他千百度，那人就在燈火闌珊處。」海
德格認為賀德林就是進入這樣境界的詩人。
在這種境界中，「一切都如此親切，甚至一
個匆匆的點頭似乎也是朋友的問候，每張臉
流露出情趣相投。」這種主客一體的愉快是
神秘的，在這種神秘感中，人被帶到了一切
根源的近處。海德格認為，賀德林的回鄉詩
已經來到根源的近處，所以具有很高的境

一切藝術都是在獨具詩意的語言開拓照亮的
地方進一步顯示眞理。正是在這個意義上，
海德格才說，藝術的本質是詩，所有的藝術
本質上都進行著與詩一樣的活動。

　　在海德格去世之後，人們越來越看到他
對藝術之見解的獨特性和深刻性。按海德格
的學生高達瑪（Gadamer）的看法，海德格
關於藝術的闡述是轟動一時的哲學事件，它
意味著海德格思想上的新探索，藝術被當做
整個歷史世界的基本事實來理解。海德格的
藝術觀與以往的主觀主義的美學劃清了界
限。在海氏看來，藝術作品的載體是物，是
事實，是給出意義的東西。它與一種客觀認
識論的自然科學正好相反——全面計算的現
代科學招致了物的損失，使物不再立足於自
身，而是消融到它的設計和變革的預算要素
裡去了。藝術作品則正好相反，它的作用是
防止物的普遍喪失，使物的本身煥發出詩意
的光芒。藝術作品之所以是藝術作品，就在
於它的非對象性，正因爲它不是個對象，才

生於西方中世紀，原本是一種對聖經中記載
的各種神諭和古代文獻的詮釋活動，近代經
過西方幾代大哲的重新思考，使詮釋學有了
新的含義，已經不再專指對經典的解釋，而
成爲對人類各種文化遺產之解釋和理解之本
性的解釋。現代詮釋學的奠基人狄爾泰
（Dilthey, 1833～1911）認爲，如果說自然
科學中的解釋必須訴諸於經驗和發現，人文
學中的解釋就必須訴諸於理解和體驗。前者
是主體把物當成對象，兩者處於二元對立狀
態，處於一種認識和被認識的關係中。後者
則把對象當成主體，當成一個與之對話的
「你」，只要以人特有的同情心去體驗對方
之所思和所想，最後與之融溶，達到心靈的
溝通，就是對之理解了。正是透過這種心理
複製式的對話，人們便理解和把握到古人或
不在場的他人給自己的作品賦予的原義。狄
爾泰覺得自己已經找到了這種普遍的理解方
式，所以應該把人文學該稱之爲科學，即人
文科學。

　　海德格十分熟悉詮釋學發展的歷史，在
《存在與時間》中，他把自己的哲學稱為
「以對此在解釋的解釋為起點的現象學本體
論」。很明顯，這種詮釋學與狄爾泰的詮釋
學已經有了原則上的不同。在狄爾泰那裡，
詮釋學還是一種方法，海德格則試圖詮釋人
的詮釋活動的本性，即從根本上回答人的詮
釋活動是如何可能的。海德格認為，人的詮
釋活動的基礎是其具有的領悟自身之「存
在」（此在）的能力，這種自我解釋是其一
切解釋活動的前提。原因很簡單：人想到對
世界上的各種事情作解釋，而所謂世界，並
不是與人絕對隔離的存在，它與人是處在一
體之中的，而所謂「此在」，就是人在此時
此地的存在，就是人在世界的存在。人把世
界解釋成什麼樣子，取決於他與世界處於一
種什麼樣的關係，以及他在這種關係中的狀
況。再者，人的一切解釋活動，都是在其自
身之「存在」的過程中展開的。所以說，對
人的生存狀態的分析本身就有詮釋學的性

質。在這種詮釋學中，再也見不到世界的客
觀實在性的問題，有的只是世界的意義和意
義的世界。

海德格的哲學思想發展到後期之後，他
的詮釋學有了新的發展，不再把人的自我解
釋看作是解釋的基礎，而是把對那個作為天
道的「存在」看作是解釋活動之所以可能的
基礎。他認為，天道總是在不斷地昭示自身，
自然萬物生生不息的變化和人的生存狀況無
不反映出天道的自我昭示。人之為人是天道
的需要，只有人能夠明白天道，所以天道借
助人來最終昭示自己。人就是被用來聽取天
道的訊息的，人來到世上亦帶著天道賦予的
訊息，人是將天道的訊息發布出來的信使。
從這個意義上說，詮釋學並非專指解釋，而
是對天道的訊息的領悟，天道的訊息就是他
說的天言或自然的無聲的語言。

海德格的上述詮釋學觀點經過他的學生
高達瑪的進一步闡發，對西方現代詮釋學的
發展產生了重要的影響。高達瑪指出，海德

格對人的生存狀態作的分析令人信服地表明
了，理解不僅是主體的各種不同的可能行為
之一，還是作為「此在」的人自身的生存方
式。高達瑪由此出發，發展出自己的對話式
詮釋學。這種對話式詮釋學所追求的，不是
像狄爾泰那樣，透過與作品的對話理解原作
者的原意，而是透過與本文（text）的對話
將作者原初的視野和讀者的視野相互融合而
產生出的一種新東西。在他這裡，「作品」
不再是作品，而是「本文」。他這樣做的意
思就是不想把作品看成是一個有固定含義
的、等待讀者去認識的被動的對象，而是把
它視為一個正在與讀者積極對話的另一個
人。在他這裡，那個正在從事著理解本文的
「我」與被理解的「本文」之間，不再是一
種主客關係，而是一種平等的對話關係。在
這種關係中，不僅讀者要向本文提問，那代
表傳統的本文同樣也要向代表現在的讀者發
問。它說著一種讀者能懂的語言，與之作意
義的交融，因而不單純是一種靈魂的共享。

「若要同屬一道，便總是要同時互相傾
聽。」在傾聽中互相進入對方的領域。但進
入對方之中，並不意味著與之同一和拉平，
而是透過與之碰撞和融合，激發一種突變，
產生一種新的理解和解釋。高達瑪認為，經
過如此的對話式解釋不斷產生新的理解，是
人之所以為人的動力和基礎，也是人的生存
方式和生存內容。這樣一來，人儘管有其物
理的或社會的實在，其存在卻與語言的使用
分不開。自我需要用語言講述它是什麼，人
的存在融化在他與作品和他人的對話中。很
明顯，儘管高達瑪的詮釋學已經完善得多和
成熟得多，其根本的起點還是海德格。正是
在這個意義上，人們往往把海德格說成是現
代詮釋學的鼻祖。

　　海德格深切地感到，他自己生活的技術
時代是一個危機四伏的時代。他對西方文化
疑慮重重，無時不感到一種喪失家園的痛
苦。在長年的寂寞與孤獨中，他與已故的賀
德林對話，與幾千年前的希臘早期思想家對
話，甚至到大洋彼岸的中國文化中尋覓知
音。他感到自己對中國文化有一種天然的親
緣關係，所以剛一接觸到中國道家哲學，就
有一種似曾相識的感覺。他不時從中國文化
中得到啓發，又返回去跟西方文化作戰。他
對中國老莊的尊重使當代西方知識界開始對
中國文化刮目相看。這一切都說明，海德格
是一個有著世界眼光、能進行東西方對話的
大哲學家。

　　海德格特別討厭有些歐洲學者的夜郎自
大態度，認為西方世界的重大缺陷在於不能
正確地對待現實和對待自己。他在研究中自
覺地把西方哲學的希臘本源同中國道家的哲
學聯繫起來，對中國古代藝術給予特別的重
視。他在不萊梅和慕尼黑首次接觸到中國藝

術，同那些收集和研究中國繪畫的畫家廣交朋友，對禪宗繪畫表現出濃厚的興趣。他在1930年透過Martin Buber的著作《莊子的談話和比喻》首次接觸到莊子哲學，在寫文章時直接引用了莊子關於魚之樂的故事。莊子在同他的好朋友惠施的談話中說道，他自己雖然不是魚，但也知道魚在水中游泳時的快樂。海氏把莊子的這一觀點同他正在思考的「共在」問題聯繫起來，指出那種把一切自然的東西，包括自然的人和魚彼此聯繫起來的東西，乃是一種普遍的同情。莊子的「天地與我同在，萬物與我齊一」的觀點使海德格感到一種特殊的意境。

　　第二次世界大戰後，海德格對老莊的熱情更加強烈，開始與一位中國學者一起將老子《道德經》翻譯成德文。這位中國學者名叫蕭師毅，曾於1938年在義大利米蘭獲得哲學博士學位，後來在德國弗萊堡大學任講師，講授中國語言和哲學。他在第二次大戰期間曾經聽海德格講授巴門尼得，於1946年

與海德格共同翻譯了《道德經》中的八章，後因故中止。在這期間，海德格還把《道德經》第十五章中的一句話「孰能濁以止，靜之徐清？孰能安以久，動之徐生？」讓人用中文寫下來，掛在他工作室的牆上。①這句話是老子「反者道之動」的哲學思想在人生中的典型體現，也是老子道家人生哲學的精華所在。海德格重視這段話，說明他對老子哲學是有深切領悟的。從海德格的哲學思想中，我們可以隨時看到老子影響的痕跡，下面僅舉其中的幾例。

一、海德格的「存在」與道家的「道」

海德格在自己的寫作中，常常有意無意地將中文中的「道」同希臘詞「邏各斯」聯繫起來，並指出，中文的「道」同希臘詞「邏各斯」一樣，都屬於不可翻譯的詞。他

還提出這樣的見解：老子的「道」實則指道
路，但由於一般人很容易停留在表面，把道
路想像成兩地之間的聯繫，認爲不應該用
「道路」去翻譯中文的「道」，轉而用理
性、精神、道理、意義、邏各斯等去翻譯它，
這是對老子之道的不理解。海德格認爲，老
子的道不是指人們常見的那些現成的道路，
而是指一種從荒地上開闢出道路來的行動和
過程。他堅定地認爲，道的這一意義能促使
人們對西方流行的對道的翻譯作本源的思
考。

　　海德格在其思想發展的後期，喜歡把自
己畢生追求和解釋的「存在」，同中國道家
哲學中的道聯繫起來考慮。他一再指出，他
說的存在，並不是西方傳統意義上的哪種存
在，它不再是一個表示「本體」的概念，也
不是西方哲學中的一個範疇，因而與傳統本
體論哲學相去甚遠。這個存在實則指天道的
顯現，萬物是循天道顯現出來的。很明顯，
這樣一來，海德格的「存在」也就同道一

樣，都是對天道之運動過程的描述。海德格認為，「存在」暗示的這個過程也同中國的道一樣，本身就含有一種否定的力量：它在顯現的過程中不斷隱蔽自身，所以「存在」悠遠不可究竟。它也同中國的道一樣，具有不可言說性，認識的方法對它也無濟於事。這一切都標明，海德格的「存在」與老子的道具有許多相似的地方。

更有意思的是，海德格哲學中的追問方式同老子的追問方式也有著異曲同工之妙。例如，在西方傳統中，「存在」一般被視為最一般普遍性的東西的總稱，是一切一般的「在者」的根基。正是在這個意義上，它被視為本體，即世界的根源。西方傳統哲學追問這個根源的思路是：「萬物是什麼？」，這一問把本源理解成萬物的一種基質，追問的是萬物的質料因。海德格則一反這種傳統，代之而追問：「萬物何以為萬物？」，也就說，萬物是如何顯現的？其顯現的過程是什麼？很顯然，它不再追求傳統本體論追

求的質料因，而把顯現過程本身放在首位。
這種追問同老子的追問方式顯然是一致的。
老子的道，發源於無，有從無中生出，所以
其本源不是原始的基質或質料。因為任何質
料都是有而不是無。道不是基質又是什麼
呢？老子認為道「寂兮寥兮，獨立而不改，
周行而不殆，可以為天下母。」顯然是指一
種不可以人為改變的過程，它按照自己的規
律運行，是產生天下一切有形之物的母親。
很顯然，這種道同海德格所說的「存在」十
分接近。

二、海德格與老子的「無」

　　衆所周知，老子在其《道德經》中突出
了「天下萬物生於有，有生於無」（第四十
章）的思想。這一把「無」作為萬物之本源
的思想可以說與海德格心氣相通。在海德格

的一系列著作中，處處可以看到這一思想的
痕跡。例如，海德格早在其弗萊堡就職演說
〈什麼是形而上學？〉(1930)中就開始談論
虛無，並用「虛無」概念對抗傳統的「存
在」概念。他在此提出這樣一個著名問題：
究竟爲什麼「在者」存在而「虛無」倒不存
在？後來他又在其〈存在的問題〉一文中，
對上述問題作了補充，變成：爲什麼總是只
有「在者」具有優先地位，而對「在者」的
「不」，「這一虛無」，即在其本質中的存
在，卻不作思考？在《林中路》收集的〈世
界景象的時代〉一文中，海德格又對「虛
無」作了重要說明：虛無絕不是什麼也沒
有，也不是對象意義上的一個東西，而是存
在本身。②至此，海德格終於把「虛無」與
「存在」劃了等號，視之爲萬物之源。

　　海德格也和老子一樣，重視「虛無對各
種『在者』的作用」。1949年12月1日，海氏
在不萊梅俱樂部用〈查看存在著的東西〉爲
題目作了四個報告。在第一個報告〈事物〉

中，他說一個罐子的有形之處是罐子的四壁和罐底，其無形之處是它們圍裏的空間。罐子的有形之處不能容納東西，容納東西的地方是其無形之處，罐子借助「無」進行容納，向人們贈送水和酒，罐子之成爲罐子，是有無之間相互作用的結果。這一看法也許直接來自老子。老子在《道德經》第十一章中談到「無」的作用時曾舉例說，因爲車輪中心有空虛之處，才能安置車軸，從而有了車輪的滾動；因爲罐子內部有空虛之處，才可以盛物，成爲容器；因爲房屋內部有空虛之處，才可以住人，成爲房子。老子提出結論說：「故有之以爲利，無之以爲用」。海德格在翻譯中十分注意這段話，對老子的上述最後一句話翻譯成：「存在之意圖是利益，虛無之意圖才是可用性」，這一翻譯中所說的「存在」當然不是海德格自己追求的那種存在，而是海氏批評的西方傳統中所說的那種存在，它追求的是科技的效用，置自然的毀滅而不顧。海德格欲用「虛無」對抗

虛無，才能容納水和酒，才能暗示出天地神
人四者的會聚和統一。這樣，他就把老子結
論中的「有」理解成了西方傳統中說的「存
在」，把老子說的「利」理解成了西方人所
追求的「利益」，把老子說的「無」理解成
他自己說的「虛無」，把老子的「用」理解
成具有空無的器具的「有用性」。總的旨歸
是用「虛無」對抗西方傳統的存在觀。

三、海德格「存在」的否定性

　　海德格後期的哲學著作中，把「無」看
做是天道自身運行中的一種重要否定性性
質。他指出，當我們遵循天道而進入美妙境
界時，總伴有邪惡，邪惡並不僅僅出於人的
行為，而是由於天道本身的盛怒或不調。美
妙和邪惡同時發生在天道之中，是因為「存
在」本身就是爭執著的東西，其中就隱藏著

無的淵源，這種無就將自身啓明爲「否定
性」。③很明顯，這種論述與老子《道德
經》中的論述「天下皆知美之爲美，斯惡
已；皆知善之爲善，斯不善已。」如出一轍。
海德格還和老子一樣，都把邪惡視爲天道本
身的性質，認爲在天道中肯定的東西與否定
的東西相因而生、同時出現。天道正因爲有
了「無」的否定，才成其爲天道。海德格根
據這一點進一步強調指出，旣然「無」的否
定性是「存在」本身的性質，它就不是「在
者」的性質，因爲「在者」總是以肯定的面
目呈現出來，「在」或「有」本身就是一種
肯定。這種發揮同老子「大道廢，有仁義」
中的思想是一致的。海德格還指出，「無」
不是主觀的東西，不受人的主觀願望的控
制，但有一定的規律，那就是，每當「存在」
在使萬物顯現的同時，它自身便隱失了。這
一觀點同老子的「道隱無名，夫唯道，善貸
且成。」（四十一章）是一致的。

　　海德格認爲，人們若要再度回到「存

在」的近傍，就要「處無名」，順從「存
在」。當人們聽從「存在」的要求的時候，
人將沒有什麼可說的了，只有這樣，言詞才
能獲得其本質的價值，而人也才能獲得他要
住的「存在」的眞理中的住所。④這裡闡發
的，已經是老子主張的無爲態度。老子在
《道德經》第二章中，先肯定了「無」是天
道本身的一種性質，然後又指出，人的行爲
要想符合天道，就要「處無爲之事，行不言
之教。」這裡的「無爲」不是消極的人生，
而是要克服主觀態度，聽從天道本身的要
求。一旦消除了主觀態度，人就無話可說了，
當一切都按照天道運行時，就已經是一種不
言之教在起作用了。

　　追隨「存在」本身的否定性，不僅是海
德格理論上的追求，也是他一生都在實踐的
東西。他把老子的「孰能濁以止，靜之徐
淸？孰能安以久，動之徐生？」貼在屋子
裡，說明他對天道的否定精神已經有著深切
的體會。老子曾經用「反省道之動」這句話

來展示天道的一運動規律，並說「上士聞道，勤而行之」，意思是說，高級的學道者，不是一個勁地追問「為什麼」，而是一心一意地按照天道的否定精神行事，所以在一般人追逐名利的時候，上士總是卑視名利地位，靜心思考，與自然為一。海德格在其學術研究進入頂峰的年代，真正實踐了老子的上述見解，他住進黑森林，悠然地生活在大自然之中，專一地聽取自然的聲音，真正品嘗了中國道家的生活方式。

　　海德格還借助道家的「無為而為」的思想，在理論上提出以「無理由的理由」對抗西方占統治地位的「充足理由律」。海德格指出，充足理由律意味著，存在就是理由，理由就是存在，所以人對存在的追求，就是對理由的追求。這是錯誤的。他用Abgrund的概念來對抗充足理由律，這個詞包含雙重意思，一是指西方人在追求理由的道路上走得已經太遠，必須懸崖勒馬，否則地球將被毀滅，人生存的根基將被拔掉。二是指按照天

道的規律生活的人,是不追求利益和理由的,「玫瑰開花,因爲它開花。」正因爲不追求後面的理由,採取無爲而爲的態度,才能眞正面對眼前的在者,看到它神性之所在。在這一點上,他與老子「心有靈犀」,兩人均主張,不去尋找理由,也不要人爲改造天道的規律,人只有順從這個規律,而不能找出種種馴服自然和控制自然的理由。

四、海德格的語言觀與老莊哲學

　　海德格自己承認,他的全部哲學所討論的就是語言和存在這兩個論題。而從他對語言之本質的若干看法中可以看出,他深受老莊思想的影響。在海德格之前,西方許多語言學家和哲學家研究語言時,都把研究的立足點放在對語言是什麼的回答上。他們或是把語言說成一種表達觀念的符號體系(如索

緒爾等），或把它說成是「使說出來的聲音
能夠表達思想的持續的理智活動」（洪
堡），或是說語言的功能是傳達知識、表達
感情和影響別人的行為（羅素）。對於這樣
一些回答，海德格統統不滿意。在他看來，
這些定義的出發點就搞錯了，他說：「語言
在其本質深處並不是一個有機體的吐白，也
不是一個生物的表述。因此，僅僅根據其符
號特徵，哪怕是根據其意義的性質，都不能
正確地對語言加以思考。語言是『存在』本
身既澄明而又隱蔽的到來。」⑤他又說，
「在其本質上，語言既不是人的表達，也不
是人的活動，語言在說著。」⑥他進一步指
出，過去人們一談到語言，就把語言當成一
種固定的對象，把追問「語言是什麼」當成
對語言之本質的回答。可我們不知道，當我
們如此這般地討論語言本質時，我們已經在
使用語言，語言已經給予我們了。

語言究竟是怎樣給予我們的呢？這就要
討論語言的「存在」。然而怎樣才能抓住語

言的「存在」呢？那就是，讓語言來說，在
說的過程中，語言就處在其本質之中了；語
言在說的過程中，就已經是其「存在」了。
他總結說，語言的本質就在於去承認它本質
的「存在」，此時語言的本質就成了本質的
語言。「讓語言來說！」這種提法在常人是
難以理解的，因為人們通常認為只有人才說
話，用西方傳統哲學的語言說，說話的主體
是人，而「語言在說」就把語言本身當成說
話者。這是很奇怪的。但是，如果我們考慮
到海德格同中國道家哲學的關係，這個問題
就很容易理解了。眾所周知，莊子著作中有
過「天籟、地籟、人籟」之說。這裡的天籟
指的是天言，是無聲的自然過程，也是天道
自身的顯現和伸張。海德格的語言觀與此息
息相通，當他說語言的本質在於本質的語言
時，他就把問題轉變為對天道的語言的討論
了。他在這裡把語言看作「存在」的顯現的
過程，而「存在」在這裡與「天道」具有相
同的意思。正如他說的「透過語言，大地和

蒼穹相向而開放出來了。」⑦所以他說的
「語言在說」，實際上指「天道在說」。一
個更加有力的證據是，海德格在論述這種天
道的語言時，直接吸收了老莊「大音希聲」
的說法，說這種語言是「悄然無聲」的，但
這種悄然無聲又不是死寂的寧靜，萬物都在
靜靜地演化，其中有大音，因此它是「寧靜
的轟鳴」。海德格繼而從天言說到人言，認
為人言來自天言。最後他指出，沒有天道，
就不會有自然的語言，也不會有根據自然語
言生發出來的成就人的本性的那種語言。因
此，這裡所說的語言（天言）就是將人投入
澄明境界的道路，而這裡所說的道路，十分
相似於老子詩意般思想中的「道」。

然而怎樣才能行進到語言的道路上？在
回答這個問題時，海德格運用了老子的「知
者不言」和莊子「至言無言」的思想，他
說：「人在此種要求下就無甚可說或罕有可
說的了。只有這樣，言詞才能再度獲得它的
本質的有價值之處，而人才能再次獲得他要

居住在『存在』的眞理中的住處。」⑧這段
話的意思是說，當人感到世上所有的語言都
有缺陷、都不能表達自己的所感所知時，他
已經達到天人合一的「無言」狀態。無言狀
態是一種得道狀態。

　　海德格在指責「語言的荒疏」時，運用
了老子的「道可道，非常道」的思想。他指
出，雖然語言的本質在於天道的展現，人言
出於天言，但是並不是說一切人言都符合天
言。相反，人言經常背離天言，從而導致了
語言的荒疏。他指出，當人的思想偏離了
「存在」或「天道」時，就會有主客之分，
把事物對象化，而此時的語言，就是表達人
們對對象的認識和感覺的，這些表達具有公
共性，因而能用於人與人之間的交流，成爲
一種交流的工具。但可悲的是，這種公共性
預先就決定了什麼是可以理解的以及什麼必
須作爲不可理解的而被拋棄。就這樣，語言
荒疏了和墮落了。語言本來是存在的家園，
如今卻委身於我們的意願和驅使，任憑我們

把它當做駕馭「在者」的工具使用。語言的荒蕪是因為人背離了天道，把天下萬物當作對象來征服和利用。這是很危險的。因為每當人說出「某物是什麼」時，就以為自己認識了某物，可以任意對其征服和利用，殊不知這一「某物」是生活在天、地、人、神的「大道」（天道）中，遠遠超出了人所說的那個「道理」。海德格由此得出結論說，凡「道理」出現的地方，詞就崩潰了。此話正是老子「道可道，非常道」的反語，含有「人言太盛，則天道衰微」的意思。⑨很明顯，這番話與老子「知者不言，言者不知」、「為學日益，為道日損」、「道可道，非常道」中表達的思想暗合。

五、海德格對高技術之盲目性的論述與老莊思想

老子認為，人順從天道的一個重要標

誌，就是不巧施心計，不用種種「利器」去增加人類破壞自然和社會和諧的力量。他極力主張人們去順應自然，「有什伯之器不用」，「結繩而用之」，眞正過一種樸素的生活。《莊子‧天地篇》講了一個農夫，說他寧願用人力從井裡汲水，而不願使用省力的器具。他提出的理由是：「有機械者必有機事，有機事者必有機心。機心存於胸則純白不備，純白不備則神生不定；神生不定者，道之所不載也。」這裡講的道理很明白：使用機器必然使人心不周全，以至喪失神明，離開大道。

　　在這一點上，海德格與莊子十分一致，他清楚地看到了現代技術對現代人身心的危害：技術高度發展了，人的生存環境卻被污染了，生態平衡被嚴重破壞了。人受制於技術的擺布，技術的框架就像一個緊箍咒一樣，將人控制得沒有一點自主。人的欲望隨著科技的發展而發展，得不到滿足就陷於不安和衝突，所以人在科技時代已經異化了。

海德格所說的技術時代的人的異化，十分類似莊子說的「機心」：人本是有思想的生物，技術使人對思想不再關心，他不再思考什麼和感受什麼，心裡只裝著技術，只要求符合技術的本質。莊子認為「機心」使人背離大道，失去純潔的心靈，海氏則認為，異化是最大的危險，技術帶來的環境污染可以克服，但人的本性的喪失卻不容易克服。人即使克服了技術的某些不利的後果，這種最高的危險還是存在著。人一心想著技術，一頭扎進技術，只受技術框架的徵召，而不知追隨天道，最後終於昧於天道而失去了自己存在的家園。很明顯，在這一點上，海德格與莊子是息息相通的。

注釋：

①參見奧托‧博格勒的《隨海德格一起走新的道路》，弗賴堡與慕尼黑版，1992年，第392頁。

②《林中路》，法蘭克福，1980年，第110頁。

③《海德格基本著作》，法蘭克福：克勞斯特曼出版社，1980年，第237頁

④《海德格基本著作》，第199頁。

⑤《海德格基本著作》，第206頁

⑥海德格《詩歌、語言、思想》，第197頁。

⑦海德格《在語言存在的道路上》，1971年，英文版，第99頁。

⑧《海德格基本著作》，第199頁。

⑨海德格《在語言的道路上》，第10頁。

參考書目

海德格著作

1.M. Heidegger, *Sein und Zeit,* Tübingen: Max Nieneyer, 1957.

2.M. Heidegger, *Zur Sache des Denkens,* Tübingen: Max Niemeyer, 1969.

3.M. Heidegger, *Was ist das die Pilosophie?* Pfullingen: Günther Neske, 1963.

4.M. Heidegger, *Was ist Metaphysik?* Frankfurt a. M: Vittorio Klostermann, 1969.

5.M. Heidegger, *Wegmarken,* Frankfurt a.

M: Vittorio Klostermann, 1978.

6.M. Heidegger, *Poetry, Language, Thought*, Trans. by Alb. Hofstadter, New York:Harper, 1975.

7.M. Heidegger, *Vorträge und Aufsätze*, Teil III., Pfullingen: Neske, 1967.

8.M. Heidegger, *Einführung in die Metaphysik*, Tübingen: Niemeyer.

9.M. Heidegger, *Aus Erfabrung des Denken*, 1910~1976, Frankfurt a. M: V. Klostermann, 1983.

10.M. Heidegger, *Identität u. Differentz*, Pfullingen: Neske, 1957.

11.M. Heidegger, *Vom Wesen der Wahrheit*, Wegmarken, Frankfurt a. Main: Vittorio Klostermann, 1978.

12.M. Heidegger, *Brief über den Humanismus*, Wegmarken, S. 325.

13.M. Heidegger, *Unterwegs Zur Sprache*, Pfullingen: Neske , 1969.

14.M. Heidegger, *Geiassenheit,* Pfullingen: Neske, 1959.

15.M. Heidegger, *Holzweg,* Frankfurt am Main: V. Klostermann, 1963.

16.M. Heidegger, *Zum 80. Geburtstag von seiner Heimastadt Messkirch,* Frankfurt am Main: V. Klostermann, 1969.

17.M. Heidegger, *The Essence of Reasons,* Trans. by Terrence Malick, Evanston: Northwestern University Press, 1969.

18.M. Heidegger, *Logic: Die Frage nach der Wahrheit,* Pfin : Klostermann, 1976.

19.M. Heidegger, *Grundbegriffe, Gesamtausgabe, Band 51,* Frankfurt a. M: V. Klostermann, 1981.

20.M. Heidegger, *The Basic Problems of Phenomenology* (Translation, Introduction and Lexieon by Albert Hofstadter), Bloomingion: Indiana Univ.

Press, 1982.

有關海德格的評論和評介書目

1.Löwith, Karl, Heidegger, *Denker in dürftiger Zeit,* Stuttgart, 1984.

2.Marx, Werner, *Herdegger und die Tradition,* Stuttgart: Kolhammer, 1961.

3.Neske, Gunther (ed.), *Erinnerung an Martin Heidegger,* Pfullingen: Neske, 1967.

4.Pöggler, Otto, *Der Denkweg Martin Heidegger,* Pfullingen: Günther Neske, 1963.

5.Salls, John, *Heidegger and the path of Thingking,* Pittsburg: Duquesne University Press, 1970.

6.Schneeberger, Guide (ed.), *Nachlese zu Heidegger,* Bern , 1962.

7.Shechan, Thomas (ed.), *Heidegger The Man and the Thinker,* Chicago: Precedent Publishing, inc., 1981.

8.Siewerth, Gustav, *Das Schicksal der Mataphysik von Thomas zu Heidegger,* Einsiedeln: Johannes Verlag, 1959.

9.Welte, Bernhard, *Denken und Sein: Gedanken zu Martin Heideggers Werk u. Wirkung,* Herder Korrespondenz 30, Heft 7, S373-7.

10.Weizsäcker, C. Fr. Von, *Der Garten des Menschenlichen,* Munchen: Hanser Verlag, 1978.

海德格　　　　　　　　　　　當代大師系列 6

著　　者／滕守堯

編輯委員／李英明　孟樊　王寧　龍協濤　楊大春

出 版 者／生智文化事業有限公司

發 行 者／林新倫

副總編輯／葉忠賢

責任編輯／賴筱彌

執行編輯／孔祥齡

登 記 證／局版北市業字第 677 號

地　　址／台北市文山區溪洲街 67 號地下樓

電　　話／(02)23660309　　23660313

傳　　真／(02)23660310

印　　刷／科樂印刷事業股份有限公司

法律顧問／北辰著作權事務所　蕭雄淋律師

初版二刷／1998 年 5 月

定　　價／新臺幣：150 元

I S B N:957-8637-14-4

E-mail: ufx0309@ms13.hinet.net

本書如有缺頁、破損、裝訂錯誤，請寄回更換

🙠 版權所有，請勿翻印 🙢

國立中央圖書館出版品預行編目資料

海德格＝*Heidegger*／滕守堯著. --初版. --
　臺北市：生智，*1996*〔民*85*〕
　　面；　公分. --（當代大師系列；*6*）
　參考書目：面
　ISBN　957-8637-14-4（平裝）

　*1.*海德格（*Heidegger, Martin, 1889-1976*）
　學術思想－哲學

147.71　　　　　　　　　　　　*85000203*